Bloque Constitucional de Venezuela

LA JUSTICIA RESTAURATIVA AGRARIA
UN DEBER DEL ESTADO VENEZOLANO
EN LA TRANSICION HACIA LA DEMOCRACIA

ROMAN J. DUQUE CORREDOR

**Exmagistrado de la
Corte Suprema de Justicia
Expresidente e Individuo de Número
de la
Academia de Ciencias Políticas y Sociales
Presidente de la
Fundación Alberto Adriani**

**EJV International
Caracas 2023**

LA JUSTICIA RESTAURATIVA AGRARIA
© Bloque Constitucional de Venezuela
República Bolivariana de Venezuela 2023.

Revisión de textos: Nilson Guerra Zambrano
Diseño gráfico, montaje electrónico:
Iván Márquez Negretti

Impresión digital 2023: L+N XXI Diseños, C.A.
(luzmarquez1950@gmail.com • nunciams@gmail.com , Caracas
ISBN: 978-980-6970-59-5; Depósito Legal: DC2023001295

Editor productor: Nilson Guerra Zambrano
Director Operativo del Bloque Constitucional de
Venezuela

Para la edición por EJV International
ISBN: 979-8-89184-925-9

Reimpresión, con autorización del autor, por Lighting
Source, an INGRAM Content company, para Editorial
Juridica Venezolana international inc., Panamá, República
de Panamá.

INDICE

6

LA JUSTICIA RESTAURATIVA AGRARIA
UN DEBER DEL ESTADO VENEZOLANO EN LA TRANSICION HACIA LA DEMOCRACIA

El despojo y la vulneración de tierras agrarias productivas y de territorios ancestrales es un atentado contra la agricultura sustentable, el desarrollo rural integral, los recursos naturales de habitats indígenas y de su identidad étnica y cultural. Y el Estado debe restituir las tierras y reparar integralmente los daños al proyecto de vida de las personas, a la familia, a la sociedad y a la población original. La propiedad y la posesión agrarias cuando son fundamento del derecho al trabajo, a la subsistencia personal y familiar y a la calidad de vida son derechos humanos fundamentales.

I

EL MANDATO CONSTITUCIONAL DE INVESTIGAR, CASTIGAR, RESTITUIR LA PROPIEDAD Y DE REPARAR LOS DAÑOS CAUSADOS POR LAS VIOLACIONES A LOS DERECHOS HUMANOS AGRARIOS, AMBIENTALES Y DE LOS PUEBLOS ORIGINARIOS INDIGENAS

La transición hacia la democracia tiene entre sus propósitos rescatar el sistema de libertades, las garantías constitucionales y los derechos humanos y la reinserción del Estado venezolano en los organismos internacionales de protección de los derechos humanos. E investigar y reparar los daños causados por las violaciones de estos derechos y proponer los lineamientos políticos y legislativos para la restauración de su ejercicio a las víctimas. Este propósito de restitución y reparación constituye la justicia restaurativa que es un deber del Estado, que tiene su fundamento en los artículos 2º, 19, 22, 23, 27, 29 y 30 de la Constitución. Dentro del proceso de transición democrática tal cometido es el de la justicia restaurativa que es un mandato constitucional incumplido por el Estado venezolano que ha de hacerse efectivo, como un componente de la reinstitucionalización del sistema de justicia propuesto por el Bloque Constitucional de Venezuela, que se considera determinante para el desarrollo integral del país, dentro del Estado democrático y social de derecho.

Por ello, para su estudio y comprensión, principalmente por los pequeños y medianos productores agropecuarios y por representantes indígenas, haremos unas precisiones previas sobre la justicia restaurativa que se basa en la garantía del derecho humano a la restitución y reparación como recurso efectivo proclamado en la Declaración Universal de Derechos Humanos (arts. 8 y 17), en los casos de privaciones arbitrarias de los derechos de propiedad individuales o colectivos[1]. En efecto, *"el derecho de propiedad por ser un derecho de naturaleza económica y social, su condición fundamental resulta afectada por la acción ilegal, como el despojo y desplazamiento, ocasionando inestabilidad social y limitando a su titular al uso y goce, en aspectos importantes para la sociedad, tales como la explotación adecuada de la tierra y el sostenimiento de la calidad de vida"*[2]. Y, la propiedad colectiva en el caso de las tierras ancestrales tradicionalmente utilizadas y ocupadas por las poblaciones indígenas *"tienen una estrecha relación con sus formas de vida y son un factor primordial de su vitalidad física, cultural y espiritual"*[3].

---

1   Declaración Universal de Derechos Humanos. Artículo 8. Toda persona tiene derecho a un recurso efectivo ante los tribunales nacionales competentes, que la ampare contra actos que violen sus derechos fundamentales reconocidos por la constitución o por la ley. Artículo 17. 1. Toda persona tiene derecho a la propiedad, individual y colectivamente. Nadie será privado arbitrariamente de su propiedad. La Convención Americana de Derechos Humanos. Artículo 25. Protección Judicial. 1. Toda persona tiene derecho a un recurso sencillo y rápido o a cualquier otro recurso efectivo ante los jueces o tribunales competentes, que la ampare contra actos que violen sus derechos fundamentales reconocidos por la Constitución, la ley o la presente Convención, aun cuando tal violación sea cometida por personas que actúen en ejercicio de sus funciones oficiales.

2   Juan Camilo Ocampo Arroyave, Restitución de Tierras y Derechos Humanos, Fundación Universitaria del Área Andina, Cuadernos de Investigaciones Semillero Andino, No. 8, Vol.8, pág. 33 (https://revia.areandina.edu.co/index. php/vbn/article/view/800/664).

3   Comisión Interamericana de Derechos Humanos (CIDH), Informe No. 40/04, Caso 12.053, Comunidades Indígenas Mayas del Distrito de Toledo (Belice) 12 de octubre de 2004, párr. 155.

El derecho de investigar, esclarecer, perseguir y sancionar las graves violaciones a los derechos humanos y las graves infracciones al Derecho Internacional Humanitario, que se reconoce a las víctimas de violaciones a los derechos humanos comprende una reparación adecuada, efectiva y rápida de los daños sufridos, basada en el principio que quien es responsable de un daño, tiene la obligación de repararlo. Hoy día, es un derecho fundamental, según la Resolución 60/147 de la Asamblea General de las Naciones Unidas de 2005 denominada *"Principios y Directrices Básicos sobre el derecho de las víctimas de violaciones manifiestas de las normas internacionales de derechos humanos y de violaciones graves del derecho internacional humanitario a interponer recursos y obtener reparaciones"*[4]. Incluso, según el Estatuto de Roma de la Corte Penal Internacional, los *"principios aplicables a la reparación, incluidas la restitución, la indemnización y la rehabilitación"*, son principios de la justicia universal en los procesos de las violaciones graves del derecho internacional humanitario, que por su carácter muy grave constituyen una afrenta a la dignidad humana[5].

---

4   General Assembly resolution 60/147 of 16 December 2005 (Basic Principles and Guidelines on the Right to a Remedy and Reparation for Victims of Gross Violations of International Human Rights Law and Serious Violations of International Humanitarian Law) - procedural history - Spanish (un.org). Vid, Principios y directrices básicos sobre el derecho de las víctimas de violaciones manifiestas de las normas internacionales de derechos humanos y de violaciones graves del derecho internacional humanitario a interponer recursos y obtener reparaciones | OHCHR

5   Artículo 53 Reparación a las víctimas 1. (...) Estatuto de Roma de la Corte Penal Internacional. La Corte establecerá principios aplicables a la reparación, incluidas la restitución, la indemnización y la rehabilitación, que ha de otorgarse a las víctimas o a sus causahabientes. Sobre esta base, la Corte, previa solicitud o de oficio en circunstancias excepcionales, podrá determinar en su decisión el alcance y la magnitud de los daños, pérdidas o perjuicios causados a las víctimas o a sus causahabientes, indicando los principios en que se funda. Estatuto de Roma de la Corte Penal Internacional 53. **2.** La Corte podrá dictar directamente una decisión contra el condenado en la que indique la reparación adecuada que ha de otorgarse a las víctimas, incluidas

Estos principios derivados del derecho internacional de los derechos humanos y del derecho internacional humanitario, en materia de prevención, investigación, castigo y reparación por delitos y violaciones graves a los derechos humanos, en Venezuela se reproducen en los artículos 29 y 30; y que se incorporan al derecho interno por los artículos 2, 19, 22, 23, 27 y 339, de nuestra Constitución. En resumen, el derecho humano a la reparación es el derecho de las víctimas de violaciones manifiestas de derechos humanos y de violaciones graves del derecho internacional humanitario, en los casos de privaciones arbitrarias de la propiedad agraria y al derecho de propiedad colectiva de las poblaciones originales, de reclamar apropiada y proporcionalmente a la gravedad de la violación y a las circunstancias de cada caso, una reparación plena y efectiva mediante las formas jurídicas de restitución, indemnización, rehabilitación, satisfacción y garantías de no repetición[6].

---

la restitución, la indemnización y la rehabilitación. Cuando proceda, la Corte podrá ordenar que la indemnización otorgada a título de reparación se pague por conducto del Fondo Fiduciario previsto en el artículo 79. (…). **3.** La Corte, antes de tomar una decisión con arreglo a este artículo, podrá solicitar y tendrá en cuenta las observaciones formuladas por el condenado, las víctimas, otras personas o Estados que tengan un interés, o las que se formulen en su nombre. **4.** Al ejercer sus atribuciones de conformidad con el presente artículo, la Corte, una vez que una persona sea declarada culpable de un crimen de su competencia, podrá determinar si, a fin de dar efecto a una decisión que dicte de conformidad con este artículo, es necesario solicitar medidas de conformidad con el párrafo 1 del artículo 93. **5.** Los Estados Parte darán efecto a la decisión dictada con arreglo a este artículo como si las disposiciones del artículo 109 se aplicaran al presente artículo. **6.** Nada de lo dispuesto en el presente artículo podrá interpretarse en perjuicio de los derechos de las víctimas con arreglo al derecho interno o el derecho internacional.

6   Resolución 60/147 de la Asamblea General de las Naciones Unidas de 2005 sobre los Principios y Directrices Básicos sobre el derecho de las víctimas de violaciones manifiestas de las normas internacionales de derechos humanos y de violaciones graves del derecho internacional humanitario a interponer recursos y obtener reparaciones (IX. Reparación de los daños sufridos)

Un aspecto importante del derecho humano a la reparación es que se atribuye mayor valor al principio de la no privación arbitraria o abusiva de la propiedad, que a su valor económico como bien de capital. Mayor valor que se le reconoce también por su interdependencia con el derecho de acceso a la tierra y con el derecho a la vivienda y por su indivisibilidad con otros derechos, como el derecho a la alimentación, al derecho a la salud y al derecho a un nivel de vida adecuado; y con el derecho de los pueblos indígenas a los habitats de sus territorios. En efecto, como lo han establecido la Comisión Interamericana de Derechos Humanos (CIDH) y la Corte Interamericana de Derechos Humanos (Corte IDH), en el derecho de propiedad de los pueblos indígenas la relación con la tierra no es una mera cuestión de posesión y producción del que quieren gozar plenamente, sino un legado cultural y étnico para sus generaciones futuras[7]. Derecho este que, en el Acuerdo Regional sobre el Acceso a la Información, la Participación Pública y el Acceso a la Justicia en Asuntos Ambientales en América Latina y el Caribe, denominado "Acuerdo de Escazú", (Costa Rica), del 4 de marzo de 2018, que entró en vigencia el 22 de abril de 2021; ratifica el deber de los Estados de garantizar sus obligaciones nacionales e internacionales y las contempladas en dicho Acuerdo, relativas a los derechos de los pueblos indígenas y comunidades locales con relación al medio ambiente y sus elementos y a los recursos naturales[8]. Venezuela no se ha adherido a este Acuerdo por cuanto el gobierno de Nicolás Maduro, el 24 de febrero de 2016, creó la "Zona de Desarrollo Estratégico Nacional Arco Minero del Orinoco", a través

---

7   Corte IDH 2001 (Vid, Colon Vargas, Marycarmen. *El derecho de propiedad. La Declaración de Derechos Humanos, a nuestros días. Una revisión General,* pág. 360. (17.pdf (unam.mx).

8   Acuerdo Regional sobre el Acceso a la Información, la Participación Pública y el Acceso a la Justicia en Asuntos Ambientales en América Latina y el Caribe (https://repositorio.cepal.org/bitstream/handle/11362/43595/S2200798_es-.pdf?sequence=10&isAllowed=y).

del decreto 2.248 publicado en la Gaceta Oficial 40.855, que contradice dichos derechos y que ha sido denunciado como un ecocidio[9] .

Por otra parte, el derecho de propiedad no solo es el derecho de disponer de bienes en cualquier forma legal, poseerlos y usarlos, sino también el derecho de impedir que cualquier otra persona interfiera en el goce de ese derecho; por lo que la privación arbitraria del uso y goce de estos derechos la Corte Interamericana de Derechos Humanos la considera arbitraria[10]. Desde otro orden de ideas, el derecho internacional humanitario reconoce no solo el valor personal o individual de la propiedad como derecho, sino igualmente su valor social para el progreso, el desarrollo social y el desarrollo rural. En efecto, la Declaración sobre el Progreso y el Desarrollo en lo Social proclamada por la Asamblea General de la ONU en su Resolución 2542 (XXIV), de 11 de diciembre de 1969[11], establece que la propiedad es un fruto del trabajo humano, por lo que no puede ser violentada por entidades estatales o particulares. Por su parte, la Alta Comisionada de las Naciones Unidas para los Derechos Humanos, Michelle Bachelet, en su Informe al Consejo Económico y Social, durante el Período de sesiones sustantivo de 2014, de Nueva York, del 23 de junio al 18 de julio de 2014, expresó, que *Los Estados deben velar por la observancia de las debidas garantías procesales en los litigios que afecten a cuestiones relacionadas con la tierra, los desplazamientos, los desalojos y otras cuestiones conexas*[12].

---

9   El llamado Arco Minero del Orinoco (…) Ocupa mayoritariamente el Norte del estado Bolívar, el declarado Patrimonio de la Humanidad Parque Nacional Canaima (…) (Vid, mi libro *Ideario Jurídico Social y Político*, Academia de Ciencias Políticas y Sociales, Fundación Alberto Adriani, Bloque Constitucional de Venezuela, Editorial Jurídica Venezolana, Caracas 2022, págs. 416-422, Román Duque Corredor. *Ideario Jurídico Político Social.* versión 27-7-2022 (rev arbc).pdf (acienpol.org.ve)

10 Corte Interamericana de Derechos Humanos Caso Ivcher Bronstein Vs. Perú Sentencia de 6 de febrero de 2001 (Reparaciones y Costas). (Microsoft Word - Seriec_74_esp.doc (corteidh.or.cr)

11 Declaración sobre el progreso y el desarrollo en lo social | OHCHR

12 Consejo Económico y Social, Informe de la Alta Comisionada de las Naciones

Del reconocimiento del derecho de propiedad como valor del trabajo humano, sobre todo en materia de propiedad agraria, se desprende, según la Corte IDH, como principio, según el artículo 21 de la Convención Americana de Derechos Humanos, que la protección de la propiedad comprende la posesión de los bienes, incluso de los inmuebles, porque el registro del título solo tiene el efecto de la oponibilidad ante un reclamo de un tercero que pretende tener derecho sobre el inmueble, por lo que la posesión ha de ser protegida frente a quien pretende despojarla sin reclamar el bien como propietario[13]. Por lo que conforme el sistema interamericano de derechos humanos se considera, en ausencia de mayores títulos, propietario legitimo amparado frente a la privación de un bien, a quien ejerce la posesión no controvertida del bien; y que se encuentre efectivamente bajo el uso y goce del poseedor[14]. Igualmente, es un principio del sistema interamericano que dentro de la protección del derecho de propiedad se comprende el derecho colectivo a la propiedad, "aun cuando sus titulares carecen de una licencia o título formal a ella, dado que forma base de la cultura, religión, economía, integridad y vida espiritual de comunidades indígenas y comunidades tribales"[15].

Hoy día, por tanto, respecto del derecho humano a la reparación, en la categoría de propietarios se consideran poseedores efectivos, productores, campesinos e indígenas, sin discriminación, por la interdependencia e indivisibilidad de la propiedad con los derechos mencionados, inherentes a la dignidad humana. Y por los efectos sociales de los daños que las violaciones arbitrarias y abusivas de la propiedad

---

Unidas para los Derechos Humanos (E/2014/86) untitled

13 Vid, Corte IDH Caso Tibi vs. Ecuador. Excepciones Preliminares, Fondo, Reparación y Costas, Sentencia de 7 de septiembre de 2004.

14 Vid, "Derechos Humanos de migrantes, refugiados, apátridas, víctimas de trata de personas y desplazados internos: normas y estándares del Sistema Interamericano de Derechos Humanos". Colección Interamericana de Derechos Humanos, Capitulo 14 Derecho a la Propiedad, No. 498.

15 Vid, Derechos Humanos de migrantes, refugiados, apátridas, víctimas de trata de personas y desplazados internos: normas y estándares del Sistema Interamericano de Derechos Humanos", Op. Cit., No. 484.

pueden originar a los derechos de la humanidad, que por su carácter muy grave constituyen una afrenta a la dignidad humana, como los señalados; y a las generaciones futuras. Por tanto, cuando el responsable de los daños sufridos no pueda o no quiera cumplir estas obligaciones, los Estados han de procurar establecer programas nacionales de reparación y otras formas de asistencia a las víctimas, como, por ejemplo, fondos fiduciarios para recomponer unidades agrarias restituidas o agro productivas abandonadas que fueron ocupadas; o restructurar explotaciones deterioradas o reiniciar agroindustrias fallidas que después de ocupadas fueron devueltas a sus propietarios. O, fondos de asistencia a poblaciones indígenas desplazadas.

La política agraria de estatización exacerbada y de control de la producción y de su mercado, la actividad extractiva de grandes zonas rurales, junto con la carencia de una infraestructura básica y la inseguridad jurídica de la tenencia de la tierra principalmente de la pequeña y mediana empresa y la falta de protección de la integridad personal de los agricultores; al igual que la ocupación y militarización de tierras ancestrales y de zonas ambientales protegidas y los conflictos guerrilleros fronterizos; y la sobreexplotación de los recursos naturales; han afectado en Venezuela la sostenibilidad de la agricultura, que es el modelo de economía agraria que postula la Constitución, conforme su artículo 305. Además, esta falta de sostenibilidad ha acelerado la caída de la organización social y comunitaria, la destrucción de los recursos genéticos, el desplazamiento de las poblaciones fronterizas y de las poblaciones indígenas y, la consiguiente, perdida de las tradiciones culturales. La erosión del suelo y la deforestación son tal vez los síntomas principales del ciclo vicioso de la pobreza y la degradación ambiental. Y la inseguridad alimentaria de la población también es consecuencia de la baja producción, de la restricción a la distribución de los productos agropecuarios, la extorsión a los productores, la militarización de las zonas agrícolas fronterizas y por la ocupación de los grupos colectivos invasores o de abigeato.

II

LA CALIFICACIÓN DE LA INVASIÓN DE TIERRAS RURALES COMO UN HECHO SOCIAL Y NO COMO DELITO Y LA IMPUNIDAD DE LOS DELITOS CONTRA LA PROPIEDAD Y POSESIÓN AGRARIAS. LA CALIFICACION DE LA PROPIEDAD Y LA POSESION AGRARIAS COMO DERECHOS HUMANOS FUNDAMENTALES

Aparte de las consideraciones anteriores, en mi criterio, la calificación de la invasión de tierras rurales como un hecho social correspondiente a la jurisdicción agraria y no como un delito; que se deriva de la interpretación que hizo la Sala Constitucional del Tribunal Supremo de Justicia, en sentencia del 8 de diciembre de 2011, al desaplicar los artículos 471-A y 472 del Código Penal Venezolano, en aquellos casos en donde no medie disputa que perturbe la posesión pacifica en terrenos rurales, a pesar de haberse ejecutado actos de violencia sobre esta, si se observa que se trata de un conflicto entre particulares devenido de la actividad agraria[16]; aparte de contradecir el régimen constitucional

---

16   1881-81211-2011-11-0829.html (tsj.gob.ve)

e internacional de protección del derecho de propiedad y de posesión frente a las interferencias fácticas y por medio de la violencia; justifica la justicia por cuenta propia y no por vías legitimas. Y, además, favorece la impunidad, por cuanto al dejar de ser el delito de invasión un hecho punible, tipificado en una ley penal, y que se transforme en un hecho social; *"podría generar una falta de interés por parte de los órganos competentes que aplican la norma penal y de este modo darles impunidad a los sujetos activos del delito de invasión"*[17]. Impunidad que en los casos de invasiones de propiedades o posesiones que constituyen fuentes de subsistencia o de trabajo, no tienen la protección integral relativa a los derechos humanos. Derechos, como la posesión sobre la tierra que se consolida solamente con el trascurso del tiempo, razón por la que se protege la seguridad de la tenencia de forma tan eficaz como la propiedad.

En efecto, cuando la propiedad y la posesión se ejercen sobre bienes rurales que representan derechos como la vivienda, al trabajo y a la subsistencia personal y familiar, su protección frente a las invasiones es un derecho humano fundamental, es decir, es materia de derechos humanos propiamente más que una cuestión de actividades de derecho agrario, civil o mercantil. Razón por la cual, en el 2005 la Asamblea Nacional había aprobado la reforma de los artículos 471-A y 472 del Código Penal Venezolano precisamente para para hacer más estrictas las disposiciones de dicho Código sobre tema de las invasiones, pero que la Sala Constitucional consideró inconstitucionales.

En este orden de ideas, el Comité de Derechos Económicos, Sociales y Culturales de las Naciones Unidas, en su Observación General No. 4, ha señalado, que *"Sea cual fuere el tipo de tenencia, todas las personas deben gozar de cierto grado de seguridad de tenencia que les garantice una protección legal contra el desahucio, el hostigamiento u otras amenazas. Por consiguiente, los Estados Parte deben adoptar inmediatamente medidas destinadas a conferir seguridad legal de tenencia a las personas*

---

17   El Delito de Invasión en Venezuela (delitodeinvasion.blogspot.com)

y los hogares que en la actualidad carezcan de esa protección consultando verdaderamente a las personas y grupos afectados"[18]. Por ello, los tratados, pactos, acuerdos y resoluciones, como instrumentos de derecho internacional de derechos humanos establecen que el Estado debe impedir que terceros menoscaben el ejercicio de un derecho, por ejemplo, que promuevan un desalojo forzado de un área ocupada, aunque discutan su legitimidad. Es decir, prohíben que "nadie será privado arbitrariamente de su propiedad", que ocurre cuando, por un conflicto entre particulares devenido de la actividad agraria, se invaden los terrenos rurales poseídos pacíficamente. Porque, en este caso, la propiedad o posesión persiguen fines relativos a los derechos a la vida, al trabajo, la subsistencia personal y familiar y a la calidad de vida, razón que justifica su tratamiento como derechos humanos fundamentales[19].

---

18   (Observación general N.º 4: El derecho a una vivienda adecuada (párrafo 1 del artículo 11 del Pacto) | Red-DESC (escr-net.org), No. 8, (a)

19   Vid, sobre la distinción de la propiedad como un derecho humano fundamental, Fernanda Levenzon, "La propiedad privada en perspectiva de derechos humanos: de las teorías de la justicia con base en derechos a la protección internacional", Universidad de Palermo Facultad de Derecho Maestría en Derechos Humanos y Derecho Constitucional, Buenos Aires, noviembre de 2011 (Microsoft Word - tesis final (palermo.edu).

III

LA JUSTICIA RESTAURATIVA
Y EL DERECHO HUMANO
A LA RESTITUCION Y REPARACION

La Constitución y los tratados internacionales establecen que la justicia universal e indivisible de los derechos humanos no es solo de investigación y de castigo por delitos contra estos derechos, sino igualmente de reparación integral por los daños causados por tales violaciones que se consideren delitos o crímenes[20]. Es decir, por los efectos perjudiciales individuales que causen en las victimas y por los efectos dañinos sociales y colectivos que afecten a la comunidad. Por ello, la justicia restaurativa excede lo penal. Toma en cuenta la restitución, la reparación y la compensación de las víctimas en sus situaciones individuales, colectivas y sociales, es decir, el desarrollo humano integral. Para el pionero de esta tesis, **Howard Zeher**, profesor de sociología y Justicia Restaurativa en la Eastern Mennonite University, de Harrisonburg (Virgínia), Estados Unidos, y codirector de The Center for Justice and Peacebuilding, la esencia de la justicia restaurativa

---

20   Vid, Preámbulo y artículos 2°., 3°., 19, 23, 27, 29, 30, 31 y 339, de la Constitución de la República Bolivariana de Venezuela. Y, la Declaración Universal de los_Derechos Humanos (Art.8), el Pacto Internacional de Derechos Civiles y Políticos (arts. 2, 3, 9, 5 y 14.6), la Convención Internacional de la Eliminación de todas las formas de Discriminación Racial (arts. 6), la Convención contra la Tortura y Otros Tratos y Penas Crueles, Inhumanos o Degradantes, la Declaración de las Naciones Unidas sobre los Derechos de los Pueblos Indígenas (art.18) y el Convenio No. 169 sobre Pueblos Indígenas o Tribales de la OIT (arts. 11.2 y 14).

es atender el daño y las necesidades[21]. La justicia restaurativa, en concreto, como lo explica **Virginia Domingo de la Fuente,** profesora de la Universidad Internacional de La Rioja y presidenta de la Sociedad Científica de Justicia Restaurativa, puede entenderse como una teoría jurídica que se centra en que el crimen no es solo una violación de la norma sino que causa daños a las personas y a la sociedad y que por tanto se debe responsabilizar al infractor para que haga frente a estos daños, de acuerdo a las necesidades de las víctimas y a los perjuicios que representan a los valores de la colectividad.

Esto, sin duda, afirma la profesora Virginia Domingo de la Fuente, es una justicia, aunque suene paradójico, mucho más justa[22], por cuanto el objetivo de la justicia restaurativa es la garantía del derecho humano a la reparación de los perjuicios derivados de las violaciones de los derechos fundamentales. No solo en los casos de conflictos armados, como, por ejemplo, en Colombia; sino también en los procesos de cambios de regímenes dictatoriales o autoritarios a regímenes democráticos, por causa del sufrimiento por parte de las víctimas de detenciones arbitrarias, de persecución por motivos políticos de productores, de privaciones ilegitimas de sus bienes o de sus usos; que son responsabilidad de funcionarios del Estado y de sus funcionarios superiores que han cometido el delito y los **daños** que también son ocasionados en la **comunidad.**

En efecto, según la Observación General No. 31 [80] del Comité de Derechos Humanos de la ONU, distinguida como documento CCPR/C/21/Rev.1/Add.13 del 26 de mayo de 2004, sobre la naturaleza de la obligación jurídica general impuesta a los Estados Parte en el Pacto Internacional de Derechos Civiles y Políticos de cumplir estos derechos, *"todas las víctimas de violaciones a los derechos humanos tienen derecho a*

---

21   Vid, *El Pequeño Libro de la Justicia Restaurativa,* Good Books, USA, 2010, pp. 29 y ss. Y su obra *Fundamental Concepts of Restorative Justice,* Akron, Pennsylvania: Mennonite Central Committee. 1997

22   *Aproximación a la Justicia Restaurativa,* (eciejur_a2017n1a3.pdf (uab.cat)

una reparación adecuada, efectiva y rápida de los daños sufridos, basada en el principio que quien es responsable de un daño, tiene la obligación de repararlo. Asegurar la reparación que se deriva de las obligaciones del Estado de respetar, proteger y garantizar los derechos humanos, junto con la obligación de adoptar medidas para prevenir las violaciones, de investigar las violaciones y de dar acceso a la justicia". "La reparación es tan central al acceso a la justicia, que si no se da reparación a las personas cuyos derechos reconocidos en el Pacto hayan sido infringidos, queda sin cumplir la obligación de facilitar recursos efectivos"[23].

El derecho humano de restitución y de reparación en el presente trabajo se refiere a la justificación de indemnizar o compensar los daños ocasionados por las privaciones ilegitimas y arbitrarias de las propiedades o posesiones agrarias y de las propiedades colectivas de los pueblos indígenas. E, igualmente, por la indivisibilidad de la propiedad con otros derechos fundamentales. Porque no solo las privaciones arbitrarias de la propiedad , como bien patrimonial, ocasionan un daño irreparable por su perdida como bien de trabajo y productivo, sino también por cuanto las restricciones al ejercicio del uso, goce y disposición del derecho de propiedad pueden afectar gravemente el derecho a un nivel de vida adecuado de las personas y poblaciones, como se desprende del artículo 23 de la Declaración Americana de Derechos y Deberes del Hombre que establece que, la propiedad debe *"corresponder a las necesidades de una vida decorosa que contribuya a mantener la dignidad de la persona y del hogar"*[24]. Es decir, al proyecto de vida personal, familiar y social. El derecho internacional de los derechos humanos prevé un sólido marco jurídico que reconoce el derecho de las víctimas

---

23 Naciones Unidas Derechos Humanos, Oficina del Alto Comisionado, América del Sur, el derecho humano a la reparación", 2021 (20-El-derecho-humano-a-la-reparacion.pdf (acnudh.org).

24 Declaración Americana de Derechos y Deberes del Hombre. **Artículo XXIII**. Toda persona tiene derecho a la propiedad privada correspondiente a las necesidades esenciales de una vida decorosa, que contribuya a mantener la dignidad de la persona y del hogar.

a la reparación por violaciones manifiestas de los derechos humanos, como lo establece el Consejo de Derechos Humanos de la ONU, en su Resolución Promoción de la Verdad, la Justicia, la Reparación y las Garantías de no Repetición de 11 de julio de 2019 (A/HRC/42/45), con relación al Informe del Relator Especial sobre la promoción de la verdad, la justicia, la reparación y las garantías de no repetición, presentado en el 42º período de sesiones[25]. Derechos estos que se incorporan al derecho venezolano, por disposición de los artículos 19, 22, 23, 27, 29, 30 y 339, de la Constitución. En la citada Resolución el Consejo de Derechos Humanos de la ONU advierte sobre la importancia del derecho a la reparación de las víctimas de atrocidades masivas. Y que, por tratarse de un derecho, la reparación tiene el propósito fundamental de responder a los daños sufridos por las víctimas mediante la provisión de beneficios directos que van más allá de la indemnización, e incluyen la restitución (si es posible), la satisfacción, la rehabilitación y las garantías de no repetición; y que, a su vez, ello beneficie a la sociedad.

En concreto, el derecho a la restitución de tierras y de reparación como derecho humano al que me refiero en este trabajo, incorporado al ordenamiento jurídico venezolano mediante un mandato constitucional; es el derecho que tienen los propietarios, poseedores e indígenas a que se les devuelvan sus predios, de los cuales fueron despojados arbitrariamente sin compensación alguna. Derecho que consiste no solo en restituir la tierra, sino también reparar las condiciones socioeconómicas dañadas a las personas o grupos de población que sufrieron el despojo. Es decir, es el derecho a una reparación integral que comprende: la restitución, la compensación, la rehabilitación y la satisfacción, es decir, las sanciones judiciales y administrativas; o los memoriales y las conmemoraciones en casos de delitos colectivos o contra grupos de población. Estos derechos a la restitución de tierras y de reparación se inscriben en los objetivos del desarrollo sustentable, porque, como ha afirmado la FAO;

---

25 https://documents-dds-ny.un.org/doc/UNDOC/GEN/G19/213/96/PDF/ G1921396.pdf?OpenElement

garantizar la seguridad en la tenencia de la tierra es una condición básica para el derecho a la alimentación y para evitar el desalojo forzoso de la población como consecuencia de los proyectos de inversión. Como lo evidencia, la misma FAO, en la mayoría de los países, la crisis alimentaria no solo es el resultado de niveles insuficientes en la producción o de desigualdades en las condiciones de acceso a los alimentos, sino por la falta de una estructura productiva agraria estable y segura. Actualmente, un amplio número de las personas que padecen hoy de hambre en el mundo depende del acceso y de la protección del derecho a la tierra y demás recursos naturales para el sustento de sus hogares[26].

En Venezuela no sólo la crisis humanitaria por la hiperinflación y la crisis económica[27] han desplazado a miles de sus ciudadanos a

---

26 Inversión, tenencia de la tierra y derecho a la alimentación. El derecho a la alimentación. Informe Temático 2 FAO (i2418s.pdf (fao.org)

27 Según los resultados de la búsqueda web, la CEPAL (Comisión Económica para América Latina y el Caribe) ha publicado un informe sobre la situación económica de Venezuela. El informe indica que la actividad económica se contrajo por octavo año consecutivo en 2021, con una caída del 5% que será 3,0% en el 2023 y de 2,7%, para el 2024, por la caída de la producción, y las limitaciones del comercio y de la política económica, y fiscal, pero se espera que crezca un 10% en 2022, pero de decaer los precios la producción de petróleo y de no reducirse la hiperinflación no será posible solventar la contracción económica de Venezuela (Vid, ttps://talcualdigital.com/cepal-redujo-de-5-a-32-su-prevision-de-crecimiento-economico-en-venezuela-para-2023/). Una fuente indica que la producción agrícola del país en 2020 disminuyó en 30% en comparación con el 2019. Otra fuente señala que la producción ha sufrido una caída entre 2012 y 20202. Algunas de las causas de la caída son la reducción de la renta petrolera, la disminución de las importaciones, el deterioro del crédito, la crisis energética, la escasez de insumos y la emigración de personal calificado. La agricultura en Venezuela representa aproximadamente el 3% del PIB, el 10% de la fuerza laboral y al menos una cuarta parte de la superficie terrestre de Venezuela. (Vid, "Producción agrícola en el siglo XXI en Venezuela: La Caída 2012-2020", de Adriana Gregson, Fernando Mantegani Heidi Dominguez y Ma. Eugenia Fréitez, Dic 1, 2020, Producción agrícola en el siglo XXI en Venezuela: La Caída 2012-2020 - PH9)

buscar refugios en los países cercanos, sino también la inestabilidad política y la violación masiva de derechos humanos han sido causa de la migración transfronteriza irregular de la población rural, sobre todo del desplazamiento de la población indígena, por ejemplo, hacia Brasil causado por la persecución de las fuerzas militares y por organizaciones criminales que dominan la extracción minera ilegal en el Sur de Orinoco. Según la ONU, en un día de julio de 2018, hasta 50.000 venezolanos cruzaron la frontera con Colombia por la grave situación en su país[28]. En ese mismo periodo, del primer semestre de dicho año, más de 16 mil venezolanos llegaron a Roraima pidiendo asilo, un 20% más que en todo el 2017. La ONG Fraternidad Sin Fronteras informa que Boa Vista, es la ciudad brasileña más afectada por la ola migratoria causada por la crisis en Venezuela y que Brasil recibe una media de 500 venezolanos cada día[29]. A lo anterior se une la migración de la población rural en Apure y Arauca "a la otra frontera" con Colombia, por la violencia desatada por el conflicto armado inédito que estalló en el estado venezolano de Apure, en el cual combaten el ejército venezolano y supuestas guerrillas colombianas. Asimismo, el gobierno y el ejército venezolanos, enemistados con las fuerzas militares colombianas, declaran estar en una gesta patriótica por la defensa de la soberanía ante una amenaza narcotraficante, terrorista e imperialista. Pero, en Apure, por ejemplo, la ONG Human Rights Watch ha denunciado que el ejército venezolano ha cometido torturas, robos, detenciones arbitrarias y el asesinato extrajudicial de una familia de campesinos[30]. Y en el Informe de Derechos Humanos de PROVEA 2022, se hace constar que en el estado Delta Amacuro continuó la migración forzada de los indígenas warao hacia Brasil y Guyana; y en el estado Zulia se incrementaron los conflictos territoriales en la Sierra de Perijá,

---

28 Crisis de Venezuela: "El éxodo de los venezolanos es el mayor de Latinoamérica en los últimos 50 años" - BBC News Mundo

29 Crisis migratoria de Venezuela: la tensión en Pacaraima, la ciudad de Brasil donde atacaron a migrantes venezolanos - BBC News Mundo

30 Crisis en Apure y Arauca | El inédito éxodo de venezolanos a "la otra frontera" con Colombia por violencia - BBC News Mundo

entre los indígenas yukpa y los grupos irregulares; mientras que, en La Guajira, los indígenas wayuu continuaron resistiendo al hambre, la sequía y la falta de servicios públicos[31].

Según la Federación Nacional de Ganaderos, también en el resto del país han causado daños a la propiedad el abigeato, homicidio, hurto, robo y secuestro, por lo que a la inseguridad jurídica de la tenencia se le deben agregar las múltiples modalidades de inseguridad para los productores agrícolas, sus empresas y sus familias. Se estima que sólo por el abigeato se pierden cada año unas 400 mil cabezas de ganado. A los productores les roban en las fincas el fruto de su trabajo, las cosechas y los animales, pero también los equipos y herramientas para producir, y además les roban sus viviendas personales o las del personal, con sus bienes y sus electrodomésticos. Una depredación sistemática. Luego, lo que logran salvar de su producción, se lo roban durante el proceso de distribución, en las carreteras, o lo deben pagar en la extorsión de las bandas delincuenciales o a los funcionarios policiales o militares. Otro factor determinante que afecta la producción agropecuaria es la presencia de grupo delictivos. Por ejemplo, el 07.01.21 productores protestaron el abigeato de 300 reses de ganado bovino y bufalino en las fincas del municipio Sosa (estado Barinas) por habitantes de Apure, a escasos 300 metros de la Base Naval Puerto Nutrias y de un destacamento de la GNB[32]. Por su parte, informa el Diario *El Impulso*, que, en los últimos días de marzo de 2020, productores agropecuarios del estado Portuguesa han sido víctimas de robo de cosechas, quema de terrenos y amenazas de invasiones por parte de colectivos rurales apoyados por consejos comunales[33]. En el mismo estado Portuguesa, grupos colectivos, según denunciaron trabajadores pertenecientes a la Corporación Venezolana Agrícolas del Azúcar (CVA-Azúcar), que es

---

31 PROVEA Resumen Informe Anual Situación de Derechos Humanos en Venezuela Enero-Diciembre 2022, Pág. 68 (Informe-Provea-2022.pdf
32 PROVEA Derecho a la Tierra Informe 2021, p. 38 (11-Tierras.pdf (provea.org)
33 Colectivos rurales roban cosechas y amenazan con invadir fincas en Portuguesa - *El Impulso*. 2 abril, 2020.

una empresa del estado, que un grupo de presuntos colectivos están invadiendo las tierras productivas de esta empresa de forma ilegal; y afirmaron que han realizado numerosas denuncias ante los organismos oficiales y no han tenido respuesta alguna; «**hay cuatro fincas que están siendo afectadas por estas invasiones lo que hace es parar la producción del país algo que tanto se necesita**"[34].

Según denunciaron productores agropecuarios en una rueda de prensa el 2 de febrero de 2021 al menos 10 fincas ubicadas en la parroquia El Blanco del municipio Torres, del estado Lara, fueron ocupadas ilegalmente desde finales de 2020 por presuntos colectivos. Y que las invasiones son un problema de larga data en la localidad, pero la situación se agravó en el último año tras la llegada de grupos foráneos que se presentaron como colectivos. Los colectivos invasores denominados Ricardo Benedetti y Plan Bonito Yaravana alegaron que habían hecho la solicitud de esos predios al **Instituto Nacional de Tierras** (Inti). La Federación Nacional de Ganaderos informó que la producción de alimentos decayó en esta zona por la irrupción de grupos foráneos que buscan hacerse del control de las tierras[35]. Productores que conforman una cooperativa llamada Serranía 56RL, ubicada en el municipio Girardot, del estado Cojedes, denunciaron que desde de septiembre de 2021 un grupo de personas invadió las tierras de su propiedad y señalaron que esta situación es propiciada por el alcalde de esa jurisdicción, Orlando Aular[36].

Incluso terrenos dedicados a la experimentación agrícola han sido afectados por incendios y las autoridades no han investigado ni realizado

---

34   Trabajadores de la CVA Azúcar denuncian que "colectivos" invaden tierras productivas - Minuta Agropecuaria.

35   Lara | Productores advierten que presuntos colectivos invaden fincas en municipio Torres, El Pitazo **Liz Gascón**, 4 febrero, 2021 (ttps://elpitazo.net/occidente/lara-productores-advierten-que-presuntos-colectivos-invaden-fincas-en-municipio-torres/=).

36   Cojedes | Productores denuncian invasiones promovidas por el gobierno - El Pitazo

actividad alguna. Por ejemplo, en el campo experimental del Instituto Nacional de Investigaciones Agrícolas, ubicado en El Limón, Maracay, estado Aragua, en diciembre de 2021, se presentó un incendio que se fue expandiendo, a pesar de que los habitantes informaron la situación y avisado a las autoridades, pero no se les dio respuestas, ni declaraciones sobre que ocasionó el siniestro[37]. Igualmente, en junio de 2020, personas pertenecientes a consejos comunales de El Vigía, municipio Alberto Adriani de Mérida, ocuparon de forma ilegal espacios pertenecientes a la Estación Experimental Judibana, conocida como Finca Judibana, propiedad de la Universidad de Los Andes (ULA). Sin que las autoridades impidieran la invasión, a pesar de la medida de protección dictada por el Tribunal Superior Agrario del estado Mérida. Estos nuevos invasores se suman a otros ocupantes ilegales que desde 2016 roban y causan destrozos en terrenos y estructuras físicas donde funciona el Núcleo Universitario Alberto Adriani de la ULA[38]. Por su parte, desde el 2015 la Escuela Agronómica Salesiana, de Barinas, en un Comunicado del 30 de enero de 2021, denunció que está sufriendo invasiones a sus terrenos, y además actos delictivos contra sus equipos, mobiliarios e insumos. Y que sus estudiantes, empleados, obreros, directivos y personal docente viven constantemente en un estado de zozobra ante el asedio de bandas criminales, que se han dado a la tarea de incendiar tierras, vehículos, equipos e instalaciones del centro formativo. Asimismo, denunció también la invasión del colegio del Mundo Unido (Fundacea), en Pedraza, "con la intención de ponerle mano a las tierras que ocupa"[39].

PROVEA en el Derecho a las Tierras Informe 2021 dice que el 28.01.21 unos 30 indígenas Yukpa ocuparon la unidad de producción El Araguaney, propiedad de Alfredo Socorro, en el municipio Machiques

---

37   VIDEOS: Incendio en expansión tomó terrenos de la UCV en Aragua (lapa-tilla.com)

38   Miembros de consejos comunales invaden terrenos de la ULA en Mérida - El Pitazo

39   Escuela Técnica Agronómica Salesiana del estado Barinas denuncia tercera ola de invasiones (talcualdigital.com)

de Perijá (estado Zulia), la cual forma parte de la autodemarcación del territorio indígena. Los propietarios alegaron que ese proceso se realizó 15 años atrás, por lo cual los yukpas fueron desalojados de los predios con el apoyo de la 12ª Brigada Caribe, que custodió los terrenos. Esto llevó a que una comisión de la Asamblea Nacional (AN) se reuniese con los caciques de las cuencas de Tokuko y Río Yaza, con quienes dialogaron sobre la necesidad de lograr acuerdos que permitan avanzar hacia la distribución de las tierras. PROVEA observa una escalada en las tensiones entre los yukpas y los ganaderos, como fueron las declaraciones de Román Romero, presidente de la asociación de Ganaderos de Machiques (Gadema), quien informó sobre el secuestro de reses por parte de indígenas armados. El 15.08.21 un grupo de yukpas ocuparon la hacienda El Rosario, propiedad de la familia de Fabricio Rincón, vicepresidente de Gadema; también se dio la invasión de la finca Las Lilas, en la cuenca El Tokuko, por parte del cacique Daniel Castillo[40]. En su Informe, PROVEA advierte que la ausencia de cifras oficiales impide conocer las tierras productivas rescatadas, aun después de 14 años de promulgada la Ley de Tierras y Desarrollo Agrario. Y que el 2021 se registraron más conflictos de tierras con ocupación de predios, 9 más que el 2020 y 12 más que el 2019. Así como que ha habido una escalada entre los Yukpas y los ganaderos en el estado Zulia[41].

Recientemente, el Fiscal General de la República, Tarek William Saab, señaló a través de la red social Twitter[42], que ordenó a la Fiscalía 1era de Carabobo, investigar y sancionar los hechos donde varios sujetos presuntamente intentaron tomar posesión de una finca. Según esta red social José Ávila y Toshira Sánchez habían sido denunciados en la Fiscalía Superior de Carabobo acusados de utilizar influencias políticas para tomar el control de fincas y terrenos en la entidad. La denuncia fue

---

40 PROVEA Derecho a la Tierra Informe 2021, pág. 7(11-Tierras.pdf (provea. org)

41 PROVEA Derecho a la Tierra Informe 2021, pág. 43 (11-Tierras.pdf (provea. org)≠

42 https://www.instagram.com/reel/CvFWbuZg1DB/?utm_source=ig_web_ copy_link.

presentada el 9 de enero de 2023 ante el Ministerio Público. "Alardean de ser funcionarios públicos y de estar protegidos por altas personalidades del gobierno nacional para ejecutar actos arbitrarios contra la propiedad privada, perjudicando no solo a los emprendedores y empresarios de buena voluntad", reveló una fuente vinculada al caso que ha desatado controversia en la cúpula política del estado Carabobo. "Las autoridades deben tomar cartas en el asunto y no solo ordenar los desalojos de las fincas tomadas, sino además iniciar investigación inmediata en contra de estas personas", agregaron.

A lo anterior se suma la presencia de grupos guerrilleros y delictivos en las zonas ruarles fronterizas. Por ejemplo, la existencia de grupos armados colombianos en territorio venezolano algunos de origen venezolano, que realizan actividades extractivas, contrabando, reclutamiento y tráfico de drogas. El 27.01.21, durante una rueda de prensa, miembros de FundaRedes informaron que desde hace cuatro años en el municipio Córdoba, aldea La Blanquita, sector Santa Isabel (estado Táchira), hay presencia de grupos armados que realizan entrenamiento, reclutan menores de edad y ocupan fincas, razón por la que FundaRedes los acusó de ser los nuevos terratenientes de Venezuela[43]. Según la organización International Crisis Group para abril de 2021 se estima que 4.300 migrantes y refugiados venezolanos se han asentado en el municipio Puerto Carreño del departamento colombiano del Vichada, que tiene una población total de 20.000 habitantes.[44] Por su parte, la Defensoría del Pueblo de Colombia, en marzo de 2021, informa que en la franja fronteriza entre el municipio de Puerto Carreño y Venezuela se evidencian conductas violentas como homicidios, amenazas, torturas y secuestros, presuntamente cometidos por estos grupos irregulares. Por lo que este panorama genera una alta vulnerabilidad para la población civil colombiana y venezolana, las autoridades territoriales, funcionarios

---

43 PROVEA Derecho a la Tierra Informe 2021, p. 37 (11-Tierras.pdf (provea.org)

44 Amistades peligrosas: las guerrillas colombianas en la frontera venezolana (https://www.crisisgroup.org/es/latin-america-caribbean/andes/rebel-pla-ying-field-colombian-guerrillas-venezuelan-border)

y contratistas del Parque El Tuparro, empresarios y turistas[45]. Y, Human Rights Watch señala que desde que se iniciaron los enfrentamientos entre el ELN y el Comando Conjunto de Oriente el 1 de enero 2022, al menos 3.860 personas se han desplazado internamente en Arauca y más de 3.300 personas han huido de Venezuela a los departamentos colombianos de Arauca y Vichada[46].

Una consecuencia de todo lo anterior ha sido una dramática caída en la producción agrícola nacional que para el año 2017 ya se encontraba por debajo de la producción que se había tenido en el año 1992, lo que implica una enorme disminución per cápita dado un crecimiento poblacional promedio de 1,6% interanual[47]. Según El Fondo Internacional de Desarrollo Agrícola (FIDA) las zonas rurales, en Venezuela, cuyas tasas de necesidades básicas insatisfechas y de dependencia económica triplican los promedios nacionales, acusan elevados niveles de pobreza. Informó que, en el 2015, la tasa de pobreza volvió a aumentar y alcanzó el 33,1 %[48]. A esta realidad social como un factor de conflictividad en el campo PROVEA señala los abusos contra la población, muchos de los cuales involucran a funcionarios de la Guardia Nacional Bolivariana (GNB), lo que aumentó considerablemente las protestas y tensiones entre campesinos y autoridades administrativas en comparación con 2020. Por ejemplo, en el 2021 se registraron 15 protestas en 11 estados del país, siendo uno de los años con mayor movilización desde que asumió el poder Nicolás Maduro, superando incluso al 2017. Durante 2021 se registraron 19 conflictos por la tenencia de la tierra con ocupación de

---

45 Puerto Carreño, sitiada por los grupos armados ilegales - El Morichal)

46 Colombia/Venezuela: Abusos de grupos armados en zona fronteriza | Human Rights Watch (hrw.org)

47 Impacto de la inseguridad y violencia en el sector agroalimentario en Venezuela - Observatorio Venezolano de Violencia (observatoriodeviolencia.org.ve). (Roberto Briceño-León, Olga Ávila, Rina Mazuera, Gustavo Páez, Jesús Subero, Iris Rosas, María V. Alarcón, Carlos Meléndez, Johel Salas, Iris Terán).

48 El Fondo Internacional de Desarrollo Agrícola (FIDA=. Invertir en la población rural (Venezuela (ifad.org)

predios, nueve más que en 2020 y 12 más que en 2019, en los estados Barinas, Lara, Zulia, Bolívar, Yaracuy, Mérida y Guárico, ejecutados además por la Guardia Nacional Bolivariana (GNB) y el Cuerpo de Investigaciones Científicas, Penales y Criminalísticas (CICPC)[49].

---

49 PROVEA Derecho a la Tierra Informe 2021, pág. 31 (11-Tierras.pdf (provea. org). En este Informe se hace constar quinces conflictos entre productores o campesinos con la GNB o con policías) PP. 4/31/37)

IV
JUSTICIA TRANSICIONAL Y JUSTICIA RESTAURATIVA

La justicia restaurativa se comprende en la justicia transicional, al integrar el valor social en el objetivo reparatorio de esta Justicia, al tener en cuenta los efectos que han tenido en la comunidad los hechos violentos de los derechos humanos, para así lograr la reintegración social de las partes directamente involucradas, por la complejidad del conflicto político en que se han presentado por la existencia de un régimen que domina los poderes públicos que no impidieron, ni permitieron oportunamente la restauración de los derechos violentados. Y tampoco pueden contribuir en la reconstrucción de los tejidos sociales tan afectados por décadas de guerra, injusticia, exclusión, inequidad y corrupción, todo lo cual requiere de un proceso de transición para restituir el pleno ejercicio de los derechos sociales.

De este modo, la justicia restaurativa lleva a que la justicia convencional trascienda el castigo como mera retribución a la víctima y la sociedad. Aun cuando ambos tipos de justicia tengan diferencias de fondo, si la intención, por ejemplo, en Colombia fue el propiciar y alcanzar acuerdos de paz en medio de su conflicto armado interno, la justicia transicional y la justicia restaurativa, conjugadas, son mecanismos de gran importancia, no solo para un cese definitivo del fuego, sino también para las etapas de reconciliación y perdón tan duras, pero tan necesarias para ese país.

De tal manera que la justicia restaurativa, se presente en el hermano país como ese elemento sanador de tantas heridas que aún siguen abiertas De este modo, Colombia, es un ejemplo de cómo la justicia restaurativa lleva a que la justicia convencional trascienda el castigo como mera retribución a la víctima y la sociedad[50].

---

50 Miguel Escobar. ¿Justicia transicional, justicia restaurativa o ambas? (las2orillas.co)

Parto del criterio de **Juana Acosta-López** y **Cindy Vanessa Espitia Murcia,** de la Universidad de La Sabana, de Bogotá, Colombia; que la Justicia Restaurativa no sólo aporta al cumplimiento de los fines de la Justicia Transicional, de la reparación, en tanto también persigue el resarcimiento del daño y la reconciliación, sino que la cualifica como conjunto de valores y procesos, ya que amplía los sujetos que deben hacer parte del proceso de planeación y ejecución de las medidas a adoptar; aborda a nuevos destinatarios cuya contribución resulta necesaria para sentar las bases de la reconciliación; permite la articulación social con la reincorporación; concibe como presupuesto innegociable la formulación de estrategias para transformar las estructuras sociales que favorecieron la consolidación de un escenario de victimización y promueve una coherencia entre cada etapa del proceso con los propósitos de la intervención.

Según estas autoras, se trata de una relación de complementariedad en beneficio no sólo de las víctimas sino también de la sociedad. Y, concluyen, la prenombradas autoras, que, la Justicia Restaurativa es el componente de reparación en el modelo de Justicia Transicional, si se tiene presente que, que la Justicia Restaurativa no es un concepto propio y que su materialización en contextos de transición requiere de una articulación con la justicia retributiva o punitiva y si bien la Justicia Restaurativa y la Justicia Transicional tienen un origen y contenido diferente, sí existe una clara convergencia en los fines políticos y sociales perseguidos de la investigación de la responsabilidad, el castigo a los responsables, la restitución de los derechos violados, la reparación de los daños y la garantía de la no repetición de esas violaciones. Ello para integrar los diferentes mecanismos creados en el nivel interno para cumplir con el propósito de reparar a las víctimas, y para promover un verdadero escenario de reconciliación, como resultado del cambio político[51].

---

51 Juana Acosta-López y Cindy Vanessa Espitia Murcia (Justicia restaurativa y reparación: desafíos de la JEP frente a una relación en construcción* (javeri-ana.edu.co)

V

DIFERENCIA ENTRE JUSTICIA RESTAURATIVA Y JUSTICIA RETRIBUTIVA O PUNITIVA

La prenombrada profesora **Virginia Domingo de La Fuente**, precisa las diferencias entre ambas formas de Justicia, de manera ilustrativa, de la siguiente forma: **En la Justicia Retributiva** el estado asume como propio el delito y deja al margen a la víctima, considerando el hecho como algo de él, frente al infractor. **En la Justicia Restaurativa,** por el contrario, el estado trata de defender a la víctima al determinar qué daño ha sufrido y qué debe hacer el infractor, para compensar el daño ocasionado. **En la Justicia Retributiva,** el estado busca como castigo a la vulneración de la norma creada por él mismo y también como afrenta personal que este infractor sea castigado separándolo de la comunidad a través de la privación de libertad. **En la Justicia Restaurativa** busca alternativas a la prisión o al menos la disminución de la estancia en ella a través de la reconciliación, restauración de la armonía de la convivencia humana y la paz. **En la Justicia Retributiva** el estado debe defender la autoridad de la ley y castigar a los infractores. **En la Justicia Restaurativa** reúne a víctimas e infractores en una búsqueda de soluciones. **En la Justicia Retributiva** se mide y computa el castigo. **En la Justicia Restaurativa** se mide cuantos daños son reparados o prevenidos y en qué forma.

Aparte de lo anterior, la autora citada, enfatiza las diferencias, respecto de sus objetivos, señalando que la justicia restaurativa se centra en: 1) La reparación de la víctima, porque atiende al daño causado por la ofensa. Y, 2) La reintegración de la víctima e infractor, puesto que procura un futuro con menos delitos, en el que se pueda vivir en paz y armonía.

En este orden de ideas, la Justicia Restaurativa puede ser un proceso constructivo y preventivo, en el que se obtiene un compromiso mucho más auténtico de hacer las cosas necesarias para impedir que se produzca otro delito de este tipo en el futuro. La Justicia Restaurativa debe llevar también al remordimiento y a la conciencia de lo perjudicial para el desarrollo individual y la sociedad del delito. Y, concluye la profesora **Virginia Domingo de la Fuente**, que la Justicia Restaurativa se centra en estas preguntas: ¿Quién fue dañado? ¿Cuáles son las necesidades del dañado? ¿Quién tiene la obligación de satisfacer estas necesidades? Y, que la primera pregunta, va más allá de si una norma ha sido o no vulnerada, llegando al punto de ver cuánto daño se ha causado. La segunda traslada el foco de atención del acusado, a las personas dañadas, es decir, las víctimas y la tercera reitera la oportunidad del infractor de asumir su responsabilidad por el daño y repararlo. Por lo que, en definitiva, concluye que la justicia restaurativa puede ser definida como *"un proceso a través del cual las partes afectadas por una infracción específica resuelven colectivamente, cómo reaccionar tras aquella y sus implicaciones para el futuro"*.

A estas conclusiones, me permito precisar que el remordimiento solo es un elemento para graduar la reparación, pero no para no acordarla. Porque el estado la asume o la compensa. Y, por otro lado, que la justicia restaurativa se apoya en la justicia penal, pero valora factores individuales y sociales para retribuir integralmente a las víctimas los perjuicios que lo afectaron en su situación personal, social y colectivamente. Como dice **Sergio Correa García**, de la Universidad Autónoma de México, la finalidad de la Justicia Restaurativa *"no es el castigo, que no lo excluye, sino la restitución y restauración que resuelva de manera integral las controversias"*[52]. Aparte de lo anterior, la justicia restaurativa toma en cuenta un enfoque comunitario en contra el crimen por lo que puede haber afectado a la colectividad, es decir, no solo una trasgresión a la ley.

---

52 Correa García, Sergio, "Justicia Restaurativa", pág. 409, El Código Nacional de Procedimientos Penales. Estudios (unam.mx),

Se basa en el principio que la conducta delictiva además de violar la ley, lastima a las víctimas y a la comunidad porque afecta los valores sociales de respeto, la igualdad, la equidad y la libertad. Se dice que es un tipo de justicia más humana porque valora además del castigo la reparación de los daños cometidos. Se enfoca en la reparación de los daños cometidos[53]. El modelo de justicia restaurativa, en concreto, se basa en las siguientes premisas: (a) que la respuesta al delito debe reparar tanto en lo posible el daño sufrido por la víctima; (b) que los delincuentes lleguen a entender que su comportamiento no es aceptable y que tuvo consecuencias reales para la víctima y la comunidad; (c) que los delincuentes pueden y deben aceptar la responsabilidad por sus acciones; (d) que las víctimas deben tener la oportunidad de expresar sus necesidades y de participar en determinar la mejor manera para que el delincuente repare los daños y (e) que la comunidad tiene la responsabilidad de contribuir en el proceso[54].

Bajo la orientación de los principios del derecho internacional de derechos humanos, y con fundamento en los estándares internacionales de la Justicia Restaurativa; el Bloque Constitucional de Venezuela para sancionar y castigar las graves violaciones de derechos humanos, considera que la justicia ordinaria debe contemplar un modelo jurisdiccional para satisfacer los intereses de las víctimas de esas violaciones del derecho de propiedad, que les restituya sus bienes y les repare los daños causados a sus condiciones socioeconómicas. Modelo de Justicia este que responde mandato constitucional dispuesto en los artículos 26, 29 y 23, constitucionales; y a la inalienabilidad e irrenunciabilidad de estos derechos y de su prevalencia, que se desprende de los artículos 2º y 19,

---

53 **Briceño V., Gabriela.** (2021). *Justicia restaurativa*. Consultado el 19 julio, 2023, de Euston96: https://www.euston96.com/justicia-restaurativa/

54 Oficina de las Naciones Unidas contra la droga y el delito, Viena, (Manual sobre programas de justicia restaurativa (unodc.org). Jaime Arturo Verdin Pérez, "La autonomía del derecho a la reparación integral del daño a las víctimas de las violaciones de derechos humanos" (22.pdf (unam.mx)

de la Constitución, aún en estados de excepción, conforme su artículo 339.

En algunos países, como en Colombia, se ha desencadenado una mutación del modelo de justicia tradicional, que arrastra una justicia retributiva a una restaurativa; en principio por el fracaso de los modelos punitivos ordinarios, que ha permitido que la justicia restaurativa tome cada vez mayor fuerza al percatarse que imponer la sanción de la Ley no es suficiente. Y ante las evidentes fallas en los sistemas de administración de justicia implementados en la mayoría de países del mundo, aceptando la frustración del sistema carcelario como respuesta de los aparatos estatales que aparentemente se apropian del conflicto, centran toda su atención en el delincuente y dejan de lado a las víctimas, sin saber cuáles son sus necesidades o expectativas, porque nunca se lo preguntaron, suponiendo que la aplicación rigurosa de la Ley por sí sola, contiene el componente de justicia social tanto para los individuos involucrados como para la sociedad[55].

Ahora bien, la experiencia ha demostrado que un presupuesto del derecho a la reparación es el derecho a la verdad En efecto, los Estados tienen la obligación de respetar, proteger y hacer realidad el derecho de las víctimas de violaciones de derechos humanos a interponer recursos efectivos, y dentro de esta obligación un elemento importante es establecer y determinar los hechos respecto a las violaciones de derechos humanos ocurridas en el pasado, es decir el derecho a la verdad, para que se haga justicia y se facilite la reparación a todas las víctimas.

En este sentido, verdad, justicia y reparación son tres aspectos de la lucha contra la impunidad. A este fin, los Estados crean las Comisiones de la Verdad. Según la Comisión Interamericana de Derechos Humanos, el valor de las Comisiones de la Verdad es que su creación no está basada

---

55 Méndez Romero, S. V., & Hernández Jiménez, N. (2020). Justicia restaurativa y Sistema Interamericano de Derechos Humanos. ACDI-Anuario Colombiano de Derecho Internacional, 13 https://revistas.urosario.edu.co/index.php/acdi/article/view/735.

en la premisa de que no habrá juicios, sino en que constituyen un paso en el sentido de la restauración de la verdad y, oportunamente, de la justicia[56], porque el trabajo de las comisiones de la verdad contribuye a hacer realidad el derecho a la verdad no sólo en su dimensión individual, sino también en su dimensión colectiva, entendida en este caso como el derecho de la sociedad a recibir información sobre su propia historia. Además, como afirma Amnistía Internacional[57] el funcionamiento adecuado de una comisión de la verdad constituyen de por sí una forma de reparación. Al reconocer de manera oficial que ha existido un patrón reiterado de violaciones de derechos humanos en el pasado y al tomar medidas para investigar los hechos y descubrir la verdad, el Estado proporciona a las víctimas y a sus familiares una forma inicial de satisfacción. Además, las comisiones de la verdad suelen recomendar una serie de medidas reparadoras en sus informes finales.

Ahora bien, la constituyente madurista creó en agosto de 2017 una Comisión de la Verdad, que, en mi criterio expuesto en mi escrito "La verdad verdadera de las Comisiones de la Verdad", no es una Comisión de la Verdad, sino de persecución política". Y, que "aparte de contradecir el derecho internacional humanitario, por cuanto no existe garantía alguna para el derecho a la defensa y al debido proceso, así como al derecho al juez natural y a la prohibición de juzgamiento por órganos extraordinarios creados con ocasión de los hechos a investigarse, a que se refieren los artículos 8, 10 y 11 de la Declaración Universal de Derechos Humanos, y el artículo 8 de la Convención Interamericana de Derechos Humanos, que se ratifican en el artículo 49, de la vigente Constitución, la Comisión de la Verdad, de la constituyente de Maduro,

---

56 Vid, Informe No. 136/99, caso 10.488, Ignacio Ellacuría, S. J. y otros. (El Salvador), 22 de diciembre de 1999, párr. 22 (Report No. 136 (1999) IACHR. Case No. 10.488 (El Salvador) - Comisión Interamericana de Derechos Humanos - Case Law - VLEX 85712022)

57 Verdad, justicia y reparación. Creación de una comisión de la verdad efectiva (amnesty.org)

contradice los Principios de las Naciones Unidas actualizados para la Protección y la Promoción de los Derechos Humanos mediante la lucha contra la Impunidad". Además, decía en mi escrito, que "la referida Comisión no fue objeto de ninguna consulta pública, sino que resulta ser una decisión unilateral de retaliación política. En concreto, la referida ilegitima Comisión, no garantiza , en forma alguna, ninguno de los mencionados derechos, y de manera antinatural, tampoco garantiza el "el *deber de recordar*" o *"deber de memoria, y* mucho menos el *"derecho a la verdad"*, que es el fundamento y la justificación de las comisiones de la verdad, para que no sea comisiones de la mentira, como ciertamente lo es la Comisión de la Verdad, la Justicia, la Paz y la Tranquilidad Publica de la ilegitima Asamblea Constituyente de Maduro[58]. Por tanto, la pseudo Comisión de la Verdad madurista no cumplió función alguna de investigar la verdad de las denuncias de las privaciones arbitrarias de la propiedad ni de la violación de los derechos de las poblaciones indígenas sobre los territorios de sus habitats.

Son, pues, importante las investigaciones de las organizaciones no gubernamentales y de los organismos internacionales sobre los hechos que constituyen violaciones del derecho de propiedad privada y posesión agrarias por motivos políticos y el daño a la seguridad alimentaria de la población venezolana; así como sobre las violaciones de los derechos de los pueblos indígenas de propiedad colectiva de sus habitats territoriales por motivos políticos y el daño a la biodiversidad de la Zona del Arco Minero del Sur del Orinoco.

En efecto, ante la ausencia de informes oficiales, de tales investigaciones e informes, realizados por expertos independientes y científicos, es posible determinar los hechos de tales violaciones, que constituyen su memoria o documentación histórica. Es decir, la memoria histórica de violación de derechos humanos que se refiere a la recuperación y

---

58   Ver, mi escrito en: https://justiciayecologiaintegral. blogspot.com/2017/08/la-verdad-verdadera-de-las-comisiones.html.

preservación de la memoria de las víctimas de violaciones graves de los derechos humanos agrarios. En efecto, el Consejo de Derechos Humanos de la ONU, en su Resolución aprobada el 22 de junio de 2020 (A/HRC/RES/43/2), insta a la preservación de los archivos, las historias orales y otras formas de prueba relativas a genocidios y a violaciones graves de las normas internacionales de derechos humanos y del derecho internacional humanitario para facilitar el intercambio y la difusión de conocimientos y la investigación de esas violaciones, y para proporcionar a las víctimas acceso a un recurso efectivo, de conformidad con el derecho internacional. E, igualmente, dicho Consejo alienta la participación de la sociedad civil en la prevención del genocidio a través de medios concretos como la labor de promoción, la supervisión, la presentación de informes, la educación, la prevención de los conflictos y las iniciativas de resolución y reconciliación[59].

El 5 de noviembre de 2019, la Asamblea Nacional Democrática, en razón de la caída continua de la producción agrícola nacional y de la industria de alimentos, con graves consecuencias para el abastecimiento y la seguridad alimentaria nacional; aprobó el Acuerdo de Creación del Frente para la Defensa de la Seguridad Jurídica y Personal de los Productores Agrícolas Venezolanos, con representantes de la Asamblea Nacional, de los gremios del sector productivo y profesionales del agro, academias; trabajadores del sector rural y de todo el circuito agroalimentario; así como con los representantes de la sociedad civil organizada en los estados y municipios de nuestro país donde tiene influencia económica y social la producción agroalimentaria. Acuerdo este mediante el cual se insta a los funcionarios que ejercen en la jurisdicción del interior de nuestro país: fiscales del ministerio público, defensoría del pueblo, jueces y empleados de los tribunales de justicia; componentes de los comandos rurales de la Guardia Nacional Bolivariana (GNB), efectivos de los cuerpos policiales y del Cuerpo de

---

59 A/HRC/RES/43/29 (un.org)

Investigaciones Penales y Criminalísticas (CICPC). Así como también se insta a todos los órganos de la administración pública, con competencia en materia de seguridad personal y jurídica que, de conformidad con lo establecido en la Constitución de la República Bolivariana de Venezuela, a cumplir con su obligación de ser garantes de los derechos fundamentales relativos a la seguridad ciudadana y jurídica de los habitantes del medio rural venezolano. E, igualmente, les reitera el deber individual de cada uno de estos funcionarios de investigar y procesar las denuncias; así como sancionar conforme al marco legal a quienes, actuando al margen de la Constitución y de las leyes, atenten contra la vida y la integridad de los bienes de los habitantes del área rural. Y como causas del deterioro del sector agrario, el citado Acuerdo señaló las prohibiciones y obstáculos que impone el gobierno usurpador a la importación de insumos para la producción agrícola y de la industria de alimentos, las invasiones de fincas, las expropiaciones, los acosos y confiscaciones de la producción agrícola y agroindustrial por entes del Estado, el escaso e inoportuno financiamiento, las prohibiciones y obstáculos para exportar la producción agroalimentaria y el aumento de la inseguridad personal en las áreas rurales y el irrespeto por los derechos de propiedad de los productores agrícolas y agroindustriales[60].

Un aspecto determinante del estado de gravedad de la violación de los derechos humanos en Venezuela es la falta de independencia y de efectividad del sistema de justicia, que es uno de los indicadores del modelo autoritario de gobierno. Tal anormalidad ha sido evidenciada por la Misión Independiente de Determinación de Hechos (MDH) de Naciones Unidas[61], que, en septiembre de 2021, divulgó un informe en el que afirmó "[...] *en lugar de proporcionar protección a las víctimas*

---

60   Asamblea Nacional (asambleanacionalvenezuela.org)
61   Provea: Consejo de Derechos Humanos establece Misión de Determinación de los Hechos para Venezuela https://provea. org/actualidad/consejo-de-dere-chos-humanos-establece-mision-dedeterminacion-de-los-hechos-para-vene-zuela/.

de violaciones de derechos humanos y delitos, el sistema de justicia -venezolano- ha desempeñado un papel significativo en la represión estatal de opositores del Gobierno"[62]. Lo cual es dramático, puesto que, en su siguiente informe, publicado en septiembre de 2022, la MDH dijo "[…] *Los organismos de inteligencia del Estado de Venezuela, tanto civiles como militares, funcionan como estructuras bien coordinadas y eficaces para la ejecución de un plan, orquestado desde los niveles más altos del gobierno, para reprimir la disidencia mediante la comisión de crímenes de lesa humanidad*"[63]. Ello supone una reestructuración del sistema de justicia para que dentro de él pueda funcionar con efectividad la justicia restaurativa agraria.

---

62 Misión internacional independiente de determinación de los hechos sobre la República Bolivariana de Venezuela: Informe de la misión internacional independiente de determinación de los hechos sobre la República Bolivariana de Venezuela. https://daccess-ods.

63 Misión internacional independiente de determinación de los hechos sobre la República Bolivariana de Venezuela: Venezuela: Nuevo informe de la ONU detalla las responsabilidades por crímenes de lesa humanidad para reprimir a la disidencia y pone la lupa en la situación en las zonas mineras remotas https://www.ohchr.org/es/pressreleases/2022/09/venezuela-new-un-report-details-responsibilitiescrimes-against-humanity (Consulta del 20.02.23).

VI

DETERMINACION DE LOS HECHOS QUE CONSTITUYEN VIOLACIONES DE DERECHOS HUMANOS AGRARIOS CUYA REPARACION SON DEBER DEL ESTADO EN UN PROCESO DE TRANSICION POLITICA HACIA LA DEMOCRACIA EN VENEZUELA

La agricultura sustentable en base al desarrollo agrario, en los procesos de transición hacia la democracia, después del cese del conflicto político que afecta a toda la Nación, por la persecución y la violación masiva de derechos humanos, requiere de políticas que garanticen el derecho de restitución de tierras y de reparación. En efecto, En ese conflicto, las personas pueden haber perdido sus tierras porque las autoridades han desplazado forma arbitraria esas personas de sus tierras. Es probable también que se hayan expropiado de hecho tierras sin pagar a los propietarios una indemnización justa. Asimismo, las tierras ocupadas o expropiadas pueden haber sido asignadas a personalidades políticas y militares influyentes. Bandas armadas, pueden haber obligado a la población a abandonar sus tierras. O, las personas pueden haber abandonado sus tierras por miedo a la violencia, huyendo a zonas más seguras. Y también, el gobierno gobernante puede haber legitimado las ocupaciones de las tierras declarándolas unilateralmente «abandonadas». Por ejemplo, el Instituto Nacional de Tierras (INTI) informó que el 2021, se adjudicaron más de 25 mil hectáreas a campesinos y productores de 18 estados del país, en cumplimiento de la Gran Misión Agro Venezuela referido al rescate de Tierra y Espacios Productivos, y que superó la entrega de 630 títulos de tierra individuales y colectivos, en un esfuerzo sostenido por brindar respuestas al campesinado. Integrando los resultados del despliegue nacional del último año, el INTI afirma que ha logrado desde el 2003 a la actualidad un total de 623 rescates de tierra que suman un millón 209 mil hectáreas recuperadas para la actividad productiva, por estimar que tal rescate está en sintonía con las demandas del país en materia alimentaria. De igual manera, en el mismo periodo señaló que se han entregado 360 mil 997 títulos de tierra sobre una superficie de 12 millones 37 mil 280 hectáreas, que se encuentran en manos de campesinos, productores, comunidades organizadas, universidades, entre otros sujetos que considera llamados a contribuir con la producción nacional en un contexto que dice que es de inminente crecimiento económico[64].

Desde que Nicolás Maduro asumió el poder las expropiaciones se han visto en menor medida, pero ello no repara los daños causados a los dueños de los 6,5 millones de hectáreas expropiadas desde 2021, cuando, durante el gobierno de Hugo Chávez, se promulgó el Decreto-Ley de Tierras y Desarrollo Agrario. Y con relación al rescate de tierras, por ejemplo, el Instituto Nacional de Tierras (INTI) inició el 29 de diciembre 2022 la ocupación de una parcela de 17, 5 hectáreas pertenecientes a un productor de maíz y caraota en el sector Palo Negro del estado Aragua, propiedad de su legítimo dueño, que fueron cedidas arbitrariamente «a favor de Corporación de Desarrollo Agrícola, para un proyecto relacionado con la piscicultura". Celso Fantinel, presidente de Fedeagro, expresó[65] ¨que estas prácticas no son nuevas, son en realidad el legado del chavismo que, desde 2001[66], cuando se promulgó el Decreto-Ley de

---

64   Más de 25 mil hectáreas adjudicó el INTi durante el 2021 - INTI

65   Gobierno cierra el año retomando las expropiaciones: INTI tomó tierras en Aragua (talcualdigital.com)

66   A esto se suma, los 6,5 millones de hectáreas de tierras «rescatadas» por

Tierras y Desarrollo Agrario, ha «rescatado» 6,5 millones de hectáreas de tierras. Después de ello empezó interviniendo unas 4.000 hectáreas consideradas por el gobierno del expresidente Hugo Chávez como latifundios.

Según la FAO, en situaciones de conflictos políticos, derivados de medidas arbitrarias, ocurren ocupaciones sin autorización de tierras privadas y de igual manera en tierras públicas. En cuyo caso, su restitución exige la resolución judicial de demandas para determinar quién tiene un derecho más legítimo sobre la tierra. En algunos casos, estas reclamaciones sobre las tierras pueden ser relativamente simples. O las personas cuyas tierras fueron tomadas por la fuerza o mediante fraude intentan recuperarlas de quienes se apoderaron de ellas. Sin embargo, otros casos pueden resultar más complicados e implicar varias demandas legítimas. Por ejemplo, el gobierno puede haber expropiado las tierras injustamente durante el conflicto y haberlas transferido a un beneficiario que la haya vendido luego legalmente a su propietario actual. En este caso, la persona que fue propietaria de las tierras antes de su expropiación intentará recuperarlas de quienes las compraron mediante una transacción de buena fe.

Tales controversias de postconflictos políticos, por transiciones de regímenes autoritarios a regímenes de estado democrático de derecho, implican problemas de solicitudes de restituciones en las diferentes regiones del país, que hay que atender según los distintos tipos de casos de restitución que existen. Asimismo, implica también calificar las personas que pueden solicitar la restitución de sus tierras y qué pruebas

---

el gobierno de Chávez desde que se promulgó el Decreto-Ley de Tierras y Desarrollo Agrario de 2001. Luego se intervinieron 4.000 hectáreas más, consideradas por el gobierno como latifundios. Esta política trajo como consecuencia **las invasiones ilegales y matanzas de reses en las fincas, y no llegó la tan ansiada «soberanía alimentaria»** del chavismo puesto que aún hoy, el país depende de las importaciones (El "legado" de la expropiación chavista: recesión, deudas y éxodo laboral (talcualdigital.com)

deben tener para respaldar sus reclamaciones. Otro problema, es, ¿cómo se puede proteger a las personas que se queden sin tierras si estas son restituidas a sus propietarios originales? También, un problema a ponderar es, ¿si la restitución es una opción en todos los casos? Y, si de no ser así, habría que analizar otras alternativas posibles, por ejemplo, indemnizaciones monetarias o en especie; para lo cual podrían preverse fondos compensatorios, como se ha experimentado en algunos países[67].

Durante el período que cubre el informe 2021 Derecho a la Tierra de PROVEA, se dice que se tuvo conocimiento de denuncias sobre acciones de despojo de tierras realizadas por autoridades administrativas sin ceñirse a los procedimientos establecidos por las leyes, por lo que este accionar irregular pone en entredicho la equidad de las políticas implementadas para acabar con el fenómeno del latifundio en el país. Y en su Informe Resumen Anual de Derechos Humanos en Venezuela de enero-diciembre de 2022, PROVEA da cuenta que, no se publican cifras oficiales de la política de distribución de tierra desde 2015, lo cual no solo contradice el artículo 244 de la Constitución de la República Bolivariana de Venezuela (CRBV), sino que también contraviene la Ley de Transparencia y Acceso a la Información de Interés Público. Asimismo, PROVEA observa que durante 2020 se ejecutaron acciones irregulares, delictivas y al margen del debido proceso, registrándose 14 hechos, como protestas de cañicultores a quienes no se les canceló la zafra en los estados Portuguesa y Sucre.

En el marco de una apertura económica y del establecimiento de Zonas Económicas Especiales, se entregaron tierras a empresas extranjeras para la producción agrícola, con la presencia de iniciativas iraníes y turcas. Se registró igualmente el ingreso de contrabando de papa por Colombia, incendio de cosechas, agresiones armadas contra productores, supuesto hostigamiento contra voceros campesinos, despidos injustificados de

---

67 El acceso a la tierra rural y la administración de tierras después de conflictos violento, FAO Estudios sobre la tenencia de la tierra, Roma 2005 (untitled (fao.org).

empresas estatalizadas que volvieron a ser privatizadas y movilizaciones en Caracas por parte de caficultores, productores de arroz y maíz para exigir una regulación justa de los rubros. Durante 2022 se produjo la detención de ocho campesinos, siete de ellos vinculados a la Corriente Revolucionaria Bolívar-Zamora (CRBV) y otro al Bloque Histórico Popular[68].

Por lo expuesto, se concluye sobre la necesidad de llevar a cabo una investigación especial exhaustiva y objetiva de los casos de privaciones arbitrarias de la propiedad y posesión agrarias, así como de las denuncias de invasiones; y sobre los casos de despojo por grupos guerrilleros y colectivos, y por organizaciones delictuales; al igual que sobre los casos de ocupaciones de facto autorizadas por las autoridades civiles y militares y de desplazamiento de grupos indígenas por asesinatos, amenazas y militarización de sus tierras ancestrales.

---

68 PROVEA Resumen Informe Anual Situación de Derechos Humanos en Venezuela Enero-Diciembre 2022, Págs. 89-90 (Informe-Provea-2022.pdf)

VI
A

LAS VIOLACIONES DEL DERECHO DE PROPIEDAD PRIVADA AGRARIA POR MOTIVOS POLITICOS Y EL DAÑO A LA SEGURIDAD ALIMENTARIA DE LA POBLACION VENEZOLANA

Cabe dentro de la justicia restaurativa la investigación, sanción y reparación por las expoliaciones, la violación de la integridad personal de los productores, las ocupaciones, tomas de fincas por el INTI y las expropiaciones de hecho de propiedades agrarias ocurridas dentro del periodo del gobierno anterior a la transición democrática. Es posible que la justicia investigue y se pronuncie sobre los casos de violaciones del derecho de propiedad a los titulares o poseedores de las más de 5 millones de has afectadas por la "guerra contra el latifundio" que afectó derechos de productores agropecuarios y el derecho de alimentación y de seguridad agroalimentaria de la población venezolana. En este orden de ideas, la ONU afirma que "*Los estados deben esforzarse por garantizar que los procesos y mecanismos de la justicia transicional tomen en consideración las causas profundas de un conflicto o un gobierno represivo y combatan las violaciones que se cometan de todos los derechos, incluidos los derechos económicos, sociales y culturales*"[69]. Según Cedice durante el gobierno de Maduro se han ejecutado para el 2017 un total de 474 medidas en contra de la propiedad privada (medidas temporales, inmediatas, de urgencia,

---

69   Secretario General de la ONU, marzo 2010.

rescates de tierras, juntas administradoras, tomas por colectivos). En 2017 se produjeron 11.854 afectaciones al derecho a la propiedad en el país, muchas más que el promedio de violaciones contabilizadas en los últimos 11 años, lo que ha incidido en el empeoramiento de las condiciones de vida de los venezolanos[70]. "Solo el 3% de "5,8 millones de has confiscadas han recibido indemnización" y además últimamente como un "rescate autónomo de tierras" se practica "una retaliación contra productores que realizan protestas contra el gobierno"[71]. Tal realidad, entre otros factores de autocracia, permiten incluir a Venezuela en los casos de las democracias que se erosionan lentamente y que fracasan a manos no ya de generales, sino de líderes electos, de presidentes o primeros ministros que subvierten el proceso mismo que los condujo al poder; y que **Steven Levitsky** y **Daniel Ziblatty** denominan "Cómo Mueren Las Democracias", puesto que en su criterio, "*casi dos décadas después de que Chávez ascendiera por primera vez a la presidencia, para que Venezuela pasara a reconocerse ampliamente como una autocracia*"[72].

En efecto, existe la persecución contra productores agropecuarios, además de la ocupación de sus predios, por motivos políticos. Por ejemplo, la OIT, en su Informe de octubre de 2019, calificó de persecución el ataque contra la sede de la Asociación de Ganaderos del Tachira (ASOGATA) el 18.05.2017; al igual que las detenciones de dirigentes de la Asociación de Ganaderos del Estado Apure (AGAPURE), el 05.03.2018; la irrupción de militares y de inteligencia en el directorio de FEDENAGA el 23.01.2019; la persecución por el SEBIN y colectivos de Antonio Pestana de FEDEAGRO. Y la utilización de los procedimientos de rescate autónomo de tierras como acosos contra dirigentes empleadores en la Hacienda la Bureche de Eduardo Gómez Sígala; Las Misiones de Vicente

---

70 ttps://elestimulo.com/elinteres/economia/2017-08-22/cuantas-expropiaciones-se-han-ejecutado-durante-el-gobierno-de-maduro/

71 **O. Albornoz**, Presidente de FEDENAGA .Presidente de Fedenaga denunció expropiación de su finca en Guárico - VPITV.

72 **Steven Levitsky** y **Daniel Ziblatty**, "Cómo mueren las democracias", Traducción de Gemma Deza Guil, Ariel, Buenos Aires 2018 pp. 4-7.

Brito y del fundo el Gólgota de Carlos Odoardo Albornoz[73]. El gobierno creo una ola expropiatoria de tierras que producían alimentos para todos los venezolanos", por lo que la expropiación de fincas productivas es una de las razones de la escasez y desabastecimiento de alimentos que hoy sufrimos en Venezuela", declaró Aquiles Hopkins, presidente de FEDEAGRO[74].

"Las expropiaciones son una persecución contra el sector privado", afirmó María Carolina Uzcátegui, Presidente de CONSECOMERCIO y señaló que las expropiaciones de empresas se mantienen como persecución por motivos políticos. Y citó, como un ejemplo, el caso del Presidente de Federación de Ganaderos, Orlando Albornoz, que le fue expropiada su finca porque no se tiene derecho a opinar diferente. La finca, de buena extensión, estaba en 90 % productiva y el gobierno decidió que no, que eso no era así y que ellos necesitaban de ese terreno. Entonces nosotros vivimos con la espada de Damocles sobre nosotros y muchos empresarios que podrían tener la capacidad de invertir o mejorar su negocio, sienten temor de hacerlo porque de repente lo expropien". Aseguró, que, "la inseguridad no es solo por la delincuencia, es también jurídica, porque en Venezuela no tenemos estado de derecho[75].

Gustavo Moreno Lleras, vicepresidente de Asoportuguesa recordó, que fue precisamente con las expropiaciones iniciadas bajo la administración del fallecido Hugo Chávez, como empezó la vertiginosa caída de la producción agroalimentaria en Venezuela[76], donde otrora

---

73   (https://www.ilo.org/wcmsp5/groups/public/---ed_norm/---relconf/documents/ meetingdocument/wcms_722037.pdf).

74   Vid, declaración de Aquiles Hopkins, Presidente de FEDEAGRO), en Presidente de Fedenaga denunció expropiación de su finca en Guárico - VPITV

75   Persecución al sector privado no para en Venezuela, revela presidenta de Consecomercio (elpais.com.co)

76   La producción agrícola se ha reducido en un 75% desde que Chávez llegó al poder en 1999 (Las expropiaciones de Hugo Chávez empiezan a costarle caras a Venezuela | Internacional | EL PAÍS (elpais.com)
      Esta baja se ha profundizado en los últimos años, por ejemplo, en 2016, el

se exportaban rubros como el plátano que ayudó al país a ganar algo de espacio en el mercado internacional, significando una generación de divisas no petroleras, que se desmontó luego que pasaran a manos de Estado las fincas del Sur del Lago y el Valle de Tucutunemo, donde prácticamente se ocasionó la desaparición de semilla de maíz nacional. Incluso en tiempos recientes se han afectado unidades dedicadas a la investigación y generación del conocimiento, vital para el desarrollo de cualquier sector y, de hecho, algunos funcionarios han reconocido el fracaso de las políticas expropiatorias en materia productiva-, exhortando al Ejecutivo nacional a recorrer estas zonas y otras áreas expropiadas de los estados Mérida, Zulia, Cojedes, Barinas y Portuguesa para que se revisen los niveles improductivos en que se encuentran[77]. La política agraria durante las últimas décadas, según la Federación Nacional de Ganaderos, se corresponden con un proceso sostenido de inseguridad cuya orientación por la violación de la propiedad de la tenencia de la tierra, que se agravó más en el 2013, con las habilitaciones al presidente mediante las cuales se aprobaron leyes que inciden directamente en el sector agroalimentario. Y, a partir del 2016, con la Asamblea Nacional Constituyente, convocada por Nicolás Maduro, que aprobó leyes y decretos que violentan todo el esquema de la seguridad personal basados en un estado de emergencia inexistente[78].

---

presidente Nicolás Maduro declaró el estado de emergencia económica y ordenó a los trabajadores públicos a dedicarse a labores agrícolas para combatir la escasez de alimentos (Cronología del chavismo y madurismo en Venezuela | CNN). Bajo dos décadas del chavismo la población es menos y mas empobrecida, por lo que el éxodo ha afectado especialmente a los sectores productivos, como el agrícola, que han perdido mano de obra calificada y capacidad de inversión (https://elpais.com/internacional/2018/12/06/america/1544058843_761552.html=).

77 **Gustavo Moreno Lleras:** Si no hay agricultura no va a existir país #23Dic - *El Impulso*

78 Impacto de la inseguridad y violencia en el sector agroalimentario en Venezuela - Observatorio Venezolano de Violencia (observatoriodeviolencia. org.ve)

En el año 1980 el valle del **Río Turbio** fue decretado como Zona de Aprovechamiento Agrícola Especial y luego como área de régimen especial por el Ministerio de Ambiente y Recursos Naturales Renovables, ente ejecutor de programas de recuperación de tierras. Cabe destacar que en los terrenos del Valle llegaron a producirse alimentos como pimentón, maíz, parchita, girasoles, tomates, yuca y caraotas, una situación muy distinta a la realidad actual. En efecto, el 5 de mayo de 2006, el presidente Hugo Chávez ordenó la expropiación de este Valle, y por la ejecución de la medida presidencial se ocuparon las fincas productoras que se encontraban en las adyacencias de los caudales del Rio Turbio.

El 6 de octubre de 2009, en una entrevista realizada en el programa Al Momento, transmitido por el canal oficial del Estado, Venezolana de Televisión (VTV), el presidente del Instituto Nacional de Tierras (INTI), Juan Carlos Loyo, aseguró que Venezuela tiene entre 28 y 30 millones de hectáreas, que conforman una gran superficie con vocación agrícola, pecuaria y forestal. Dijo, que, de esta cantidad, el país posee aproximadamente 2 millones y medio de hectáreas con suelos tipo I, II, III, lo que se traduce en tierras de una riqueza natural invalorable. Al respecto, afirmó que gran parte de estas tierras se encuentran en los valles, y dentro de estos se ubica el Valle del Río Turbio, con 6 mil hectáreas pertenecientes al estado Yaracuy y 6 mil hectáreas al estado Lara, para un total de 12 mil hectáreas. Expresó el presidente del INTI, que estas tierras estaban totalmente destruidas y se encontraban bajo un proceso de encubrimiento y de engorde para el desarrollo urbano, y que se realizó el rescate de 2.400 hectáreas, apegado a la Constitución y a la Ley de Tierras y Desarrollo Agrario (LTDA), con la finalidad de llevar a cabo un proyecto agroecológico que incluye la siembra de diferentes rubros como: caraota, frijol chino, maíz y la sanación de acuíferos[79].

---

79 Presidente del INTI: "Tierras rescatadas del Valle del Turbio son para el desarrollo Agroecológico" (aporrea.org)

Sin embargo, según información de *El Impulso*[80], en el año 2006 fueron molidas 9 millones de toneladas de caña para producir 700 mil toneladas de azúcar. Para el 2012, la producción de este alimento se había ubicado en 3 millones de toneladas de caña menos, lo que aumentaba la preocupación de los productores, quienes estimaban que en los años posteriores se tendría que recurrir a la importación de azúcar por cuanto se iría a pique este ramo de mantener las erróneas políticas. Dicho pronóstico parece haberse hecho realidad, pues según la Federación de Asociaciones de Cañicultores de Venezuela (Fesoca), en el 2018, doce años después de la toma de estos espacios, donde la producción de azúcar era la principal actividad, solo se molieron 154.864 cañas, generando así la cifra más baja en todos los años de producción del Central Azucarero **Río Turbio**.

Siendo el pulmón vegetal de las dos principales ciudades del estado Lara, Barquisimeto y Cabudare, los terrenos del Valle del río Turbio pasaron por un proceso de transformación negativo, producto de la disminución de la biodiversidad, descenso del manto freático, deterioro de la capacidad productiva de los suelos e incremento de la contaminación ambiental. Pero como se evidencia del estudio realizado por el Museo de Ciencias Naturales de la UCLA en el año 2017, tras la publicación de una serie de libros denominada Ríos en Riesgo de Venezuela, en el cual se estudia el deterioro de las áreas de confluencia de los caudales del Río Turbio, el área protegida conocida como "Bosque Macuto", la cual para 2003 cubría una superficie de 69 hectáreas, en estudios posteriores hechos en 2015 esta superficie se redujo a 54 hectáreas, lo que significó una reducción del (22%) indicando que las mayores pérdidas de vegetación ocurrieron en su límite ribereño[81].

---

80 A 13 años de la expropiación del Valle del Río Turbio: Sólo promesas y proyectos #CotejoVerifica - Cotejo.info
81 https://www.academia.edu/31460987/Río_Turbio_un_síndrome_urbano_en_la_vertiente_andina_del_Orinoco

El 8 de diciembre de 2010, el presidente de Venezuela, Hugo Chávez, anunció en cadena de radio y televisión una serie de medidas para enfrentar la emergencia por lluvias en varios estados del país. Dio la orden para iniciar las expropiaciones en el Sur del Lago de Maracaibo, sobre unas 43 fincas que totalizan 20.200 hectáreas en la zona, asegurando que se trata de la lucha contra el latifundio; las notificaciones del INTI en los predios incautados indican razones de interés público. Para este fin se movilizaron tropas del Ejército de Venezuela. Las expropiaciones provocaron notorias acciones de resistencia al gobierno de parte de los productores afectados.

Entre los fundos que serían intervenidos el Presidente Chávez mencionó: El Boche, Olla Grande, La Carolina, La Esperanza, El Guaramito, Campo Alegre, Providencia, Mi Futuro, El Retiro y La Rosa. Denunció que en esos campos el régimen laboral estaría fuera de la ley. Para hacer cumplir las disposiciones del Ejecutivo, se movilizaron tropas del Ejército de Venezuela. Una operación cívico militar para el rescate de tierras en 47 latifundios en la subregión Sur del Lago se inició oficialmente el 17 de diciembre con la participación del Ministro de Agricultura y Tierras (MAT), Juan Carlos Loyo, desde el Fuerte Caribay, ubicado en el kilómetro 9 de la carretera panamericana que conduce al Táchira. Un total de 138 efectivos militares participaron en el rescate de más de 24.000 hectáreas de tierras en los estados Zulia y Mérida. En buena parte de estos predios se cultivan rubros como plátano y palma aceitera. Más tarde, algunos campos fueron devueltos al comprobarse que pertenecían en realidad a pequeños propietarios, y el Vicepresidente de la República, Elías Jaua, afirmó que la expropiación era una medida contra los grandes propietarios absentistas. Asimismo, destacó que el INTI viene realizando estudios desde hace más de cuatro años sobre la titularidad de esas tierras.

Estas medidas del gobierno fueron tomadas por los productores agropecuarios, dueños y trabajadores de las fincas, como una arbitrariedad en contra de sus derechos fundamentales, su modo de vida, propiedades y puestos de trabajo, por lo que se resisten a la medida, y para ello bloquearon el paso en las carreteras para impedir la llegada de los funcionarios del gobierno y militares. Quienes se oponen a la medida la califican como una "ocupación" de tierras por parte de los organismos del Estado. El presidente de la Federación de Ganaderos del Sur del Lago (Fegalago), Jesús Iragorry, negó las acusaciones de precarización, y comparó la situación laboral de un peón de sus fincas con la de los empleados estatales venezolanos[82].

Las fincas productoras de carne y leche en el Municipio Machiques de Perijá se unen a la lista de tierras que se han visto afectadas por la inseguridad, las invasiones y las tomas y secuestros a manos de comunidades indígenas. "No podemos seguir produciendo alimentos por los riesgos de inseguridad", aseguró Armando Chacín, presidente de la Federación de Ganaderos del Lago (Fegalago)[83]. Las ocupaciones ilegales de predios en Perijá, luego de años de la demarcación de tierras y de definirse los territorios de las comunidades indígenas, repercute en la producción de carne y leche, y afecta la propiedad y productividad reconocida por el Inti. Diego García, dueño de la hacienda El Capitán, afectada por "un grupo pequeño de invasores de oficio", explicó que en octubre de 2011 por decisiones "erradas, populistas de repartir 26 fincas" de Perijá en la demarcación se inició la "destrucción" de la producción de 35 mil litros de leche anuales, cuatro mil novillos, 500 empleos y dos mil trabajos indirectos. Y señaló, que ello pese a una sentencia del Tribunal Agrario que había otorgado una protección agroalimentaria, que "nadie acató", a pesar de tratarse del cumplimiento de disposiciones legales para resguardar la producción y la propiedad. "Todos los días se afectó la producción. Se robaron 170 vacas preñadas escoteras y 80 críos". "Fue lo último que terminó con la tradición agropecuaria de 96 años, modelo de razas genéticas y transplante de embriones". (Diario

---

82 Expropiaciones en el Sur del Lago de 2010 - Wikiwand
83 Fincas de Perijá se ven afectadas por inseguridad, invasiones y secuestros – Diario *Contraste Noticias*

La Verdad. Responsabilizan al INTI de invasiones a fincas de Perijá. 21 de julio de 2023).

El caso del productor **Franklin Brito** que fue despojado de su finca y detenido arbitrariamente por reclamar la restitución de sus tierras, mediante una huelga de hambre que le costó la vida, es un ícono de la violación de derechos fundamentales de un agricultor, que se calificó de "suplicio" y "duelo somatico", por **Paula Vásquez** Lezama[84]. Su suplicio y el de su familia comenzó con el otorgamiento indebido de unas cartas agrarias a unos ganaderos que acabaron con sus cultivos y cerraron el paso a su propiedad. Por tales cartas agrarias, sin proceso judicial alguno, el INTI calificó de ilegal la posesión de Brito sobre tierras públicas, y autorizó a los invasores para que ocuparan la finca Iguaraya, de 290 hectáreas, ubicada en El Guarataro en el estado Bolívar. Brito logró hacer producir sus tierras cultivando con éxito y bastante productividad diversas variedades de frutas, en particular sandías y papayas, así como ñame. Y, tenía un pequeño camión para sacar la producción agrícola que comercializaba Brito a través de pequeñas redes de distribución.

El fundo de Brito fue invadido por supuestos agricultores vecinos que ocuparon las tierras por donde pasa la pequeña carretera que une su propiedad con la carretera principal. Brito y su familia quedaron aislados, incomunicados. Los invasores instalaron alambres de púas y los amenazaron con armas alegando que habían sido beneficiados por cartas agrarias que se les había otorgado porque esas tierras estaban ociosas. Y denunció que esas cartas agrarias eliminaron el único acceso al lote del terreno que le había adjudicado el Instituto Nacional de Tierras (IAN) años atrás. Brito reclamo sus derechos de propiedad sobre

---

84   Paula Vásquez Lezama, *El suplicio de Franklin Brito o la significación política de un duelo somático*, TRACE (*Travaux et Recherches dans les Amériques du Centre*), Revista semestral en ciencias sociales, de temática y convocatoria abiertas, publicada por el Centro de Estudios Mexicanos y Centroamericanos (CEMCA), Trace 72 2017 (*El suplicio de Franklin Brito o la significación política de un duelo somático (openedition.org)*

las tierras invadidas apegado a derecho, pero fue repetidas veces acusado de mentiroso, manipulador y loco desde las más altas esferas del poder estatal.

Realizó protestas y huelga de hambre y el 10 de noviembre de 2005, Brito se mutiló la falange del dedo meñique izquierdo frente al Tribunal Supremo de Justicia en Caracas. Lo hizo después de haber llamado a unos periodistas y anunciado una protesta pacífica. El gobierno le prometió que el INTI reconocería el daño causado y el error de otorgar las cartas agrarias, debido a que las tierras de Brito no estaban ociosas. El presidente Chávez tomó cartas en el asunto y designó a una comisión oficial que, junto con Brito, viajaría al fundo.

Durante el trayecto, sin embargo, Brito entró en desacuerdo con la comisión cuando advirtió que el propósito de esta no era derogar las cartas agrarias de los invasores sino negociar con ellos. Se le desalojó del lugar donde hacía su huelga de hambre en la acera en las puertas de la sede de la Organización de Estados Americanos (OEA) en Caracas, en la zona de Las Mercedes, mediante un acto de uso desmesurado de la fuerza pública, por un comando que lo desalojó, y lo metió en un vehículo blindado, que estaba compuesto de 60 efectivos de la policía y algunos miembros de la Guardia Nacional Bolivariana.

Un tribunal penal ordenó el 12 de diciembre de 2009 transferir al huelguista a un depósito del Hospital militar de Caracas. El argumento del Ministerio Público para justificar el traslado que acordó el tribunal, fue el de "protegerlo de la manipulación política de la oposición". Su familia y su abogada, Adriana Vigilanza, lograron obtener la autorización para que un médico de la Cruz Roja lo visitara, pero las autoridades del hospital rechazaron la petición.

Brito hizo entonces una huelga de sed durante seis días hasta que finalmente las autoridades del hospital permitieron la entrada del médico externo. Para ese entonces Brito pesaba 43 kilogramos. La organización internacional constató la gravedad del estado de salud del agricultor y recomendó cierto tipo de atención. Su agonía duró varios meses y pocos detalles fueron difundidos sobre las condiciones de su hospitalización forzada en ese depósito donde funcionaban las máquinas del aire acondicionado del edificio, las cuales generaban mucho ruido y calor. Durante todo ese tiempo estuvo confinado, con severas restricciones para recibir visitas. Franklin Brito murió en agosto de 2010 en el depósito del Hospital Militar de Caracas, donde había sido confinado[85].

La Comisión Interamericana de Derechos humanos notificó a Germán Saltrón Negretti, en su condición de Agente del Estado venezolano para los Derechos Humanos, que se otorgaron medidas cautelares solicitadas por la ONG´s Foro por la Vida y Sinergia, a favor del señor Brito, donde aseguraban que estaba hospitalizado en el Hospital Militar, sin tener acceso a un médico de su confianza, y que se impedía la asistencia de la Cruz Roja, así como las visitas de sus familiares. Germán Saltrón Negretti señaló en un artículo en el portal Aporrea:"El señor Brito en ningún momento fue objeto de expropiación, y siempre permaneció en posesión de las tierras que le otorgó el gobierno bolivariano[86]. Pero, la Comisión Interamericana de Derechos Humanos (CIDH) dictó medidas cautelares el 13 de enero de 2010 a favor del productor agropecuario, Franklin Brito, quien permanecía en el Hospital Militar luego de que iniciara una huelga de hambre en la sede de la Organización de Estados Americanos en la ciudad de Caracas, hacía más de seis meses. La Comisión respondió con estas órdenes a la petición interpuesta por Brito en diciembre de 2009. El ente exigió al Estado venezolano velar por la protección de la integridad y la vida del huelguista. La CIDH pidió se "adopten las medidas necesarias a fin de permitir el acceso, tratamiento y monitoreo de la situación de salud del

---

85 Paula Vásquez Lezama, "El suplicio de Franklin Brito o la significación política de un duelo somático", Loc., cit, Nos. 15 a 34.
86 Germán Saltrón Negretti "La verdad sobre la muerte de Franklin Brito", miércoles, 01/09/2010, http://www.aporrea.org/oposicion/a107154.html

señor Brito por un médico de su confianza y/o lo ofrecido por la Cruz Roja Internacional"[87].

Me he extendido en la relación del caso de Franklin Brito, por lo evidente del valor de la propiedad en lo personal, más allá de lo patrimonial, o pecuniario. Es decir, de cómo la privación arbitraria de la propiedad puede afectar el derecho a la vida, la condición familiar y social. Es decir, su proyecto de vida, en otras palabras, la existencia misma de la persona y su destino. Porque, como lo ha señalado la Corte IDH, cuando la perdida de los bienes determina fatalmente también la perdida de facultades o capacidades el daño es al " *proyecto de vida*", que, según esta Corte, trasciende el aspecto pecuniario de los dineros dejados de percibir a causa del daño sufrido por la privación de los bienes de una persona. Es decir, "*en la potencialidad de cada individuo de que éste pueda concretarla*".

En otras palabras, en el valor de la persona en la familia y en la sociedad"[88]. Y, el Caso de Franklin Brito la privación arbitraria de su propiedad afectó su condición personal, familiar y social, hasta el punto de que fue causa de su muerte. No cabe duda de que la violación de sus derechos de propiedad y posesión agraria dañaron su integridad personal, su bienestar familiar y fueron causa de su muerte. Es decir, afectaron su proyecto de vida. Por tanto, es un patrón de victima cuyos familiares tienen derecho a que el estado les otorgue una reparación integral por el daño causado por la violación de estos derechos al Sr. Franklin Brito y a sus familiares.

Los hechos determinantes de la violación de los derechos de la propiedad agraria, por motivos sociales e ideológicos, los admiten los propios personeros del gobierno de Nicolás Maduro y del partido oficialista, al reconocer los perjuicios causados por la ola de expropiaciones por esos motivos, como, por ejemplo, el diputado de la Asamblea

87 CIDH dicta medidas de protección para Franklin Brito - Espacio Público (espaciopublico.org)

88 Vid, Corte IDH Caso Loayza Tamayo vs. Perú (1998), Reparaciones y Costas, Serie C, No. 42.

Nacional del 2020 y exgobernador del Estado Táchira Gregorio Vielma Mora, quien el 15 de abril de 2021, en una entrevista de Globovisión, afirmó, que "con la Ley Orgánica de Zonas Económicas Especiales se está evaluando revertir las expropiaciones si así lo solicita el sector privado". Y, que, "evaluamos eliminar las expropiaciones al que invierta en Venezuela y revertir aquellas expropiaciones cuando el sector privado así lo requiera"[89].

En el 2007, con el precio del petróleo por las nubes, el régimen socialista de Venezuela anunció que tomaría el control de diversas empresas privadas dedicadas a la producción de alimentos. El objetivo del presidente **Hugo Chávez** era alcanzar la "soberanía alimentaria", poniendo bajo el Estado la producción de arroz, carne, leche, azúcar, café, harina y hasta helados. Ello para que la producción de alimentos se multiplicara. Sin embargo, según los datos que ha evaluado el Informe de Infobae de la información de la Organizaciones de las Naciones Unidas para la Alimentación y la Agricultura (FAO), la producción per cápita de la industria alimentaria cayó a una tasa anual media del 7% entre 2008 y 2017. Así como que, en cuanto a los precios, Venezuela ha sufrido una de las mayores hiperinflaciones de la historia, por lo que el socialismo no trajo ni más oferta, ni menos precios, sino todo lo contrario. Por otra parte, en 2019, la ONG Red Agroalimentaria de Venezuela denunció que la oferta disponible de alimentos apenas representa el 52-54% de las calorías y proteínas que necesitan los ciudadanos[90].

Por último, en el Informe sobre el cumplimiento de las Recomendaciones de la ACNUDH Venezuela 2019-2021, publicado en mayo de 2022, por PROVEA, Acceso a la Justicia, UCAB Centro de Derechos Humanos, y otras organizaciones, se advierte que "la seguridad

---

89 Chavismo evalúa revertir las expropiaciones si el sector privado lo pide (elnacional.com)

90 https://www.infobae.com/america/venezuela/2020/06/09/asi-fracaso-la-soberania-alimentaria-y-la-politica-de-expropiacion-de-hugo-chavez-y-Nicolás-maduro-en-venezuela/

alimentaria en el país se encuentra en un profundo deterioro; y sobre "la caída severa de las capacidades de producción nacional de alimentos" Y se advierte "la disminución de tierras agrícolas productivas y de la producción nacional agropecuaria junto con la reducción de las importaciones y de insumos agrícolas han deteriorado la disponibilidad de alimentos en el país, con severas repercusiones para el consumo de alimentos de la población venezolana"[91].

El Director de Foro Regulación Inteligente e investigador asociado del Instituto de Estudios Económicos, Rodrigo Sánchez de La Cuz, expresó que según el Diario venezolano *El Mundo*, "las expropiaciones de tierras aprobadas por Chávez arrancaron 3,6 millones de hectáreas a cientos de empresas y familias". Igualmente indicó que, los amplios poderes del Ejecutivo venezolano han permitido que esta agenda se haya completado casi sin posibilidad de oposición. De hecho, las expropiaciones en el sector agrícola-alimentario se hacen sin necesidad de orden judicial"; y citó los casos de las expropiaciones de cadenas como Cada, Éxito, Los Andes o Cargill.

Igualmente, como ejemplos paradigmáticos de lo que indicó, Sánchez de la Cruz señaló, por un lado, el ejemplo de Agroisleña, que era el principal proveedor de semillas y productos químicos para las explotaciones agrícolas del país, de maquinaria, consultoría, apoyo técnico y financiación a miles de pequeños proveedores del sector pero que una vez que fue estatizada, su gestión se convirtió en un nefasto monopolio marcado por la escasez y la ineficiencia. Como muestra, del mal funcionamiento de Agroisleña, resaltó que se estima que cayó en un 40% la superficie total dedicada al cultivo del arroz. Y, por otro lado, se refirió al ejemplo de la Hacienda Bolívar, que fue una de las 47 fincas

---

91 Informe sobre el cumplimiento de las Recomendaciones de la ACNUDH Venezuela 2019-2021, anteriormente citado, págs. 13 y 14 (htps://cepaz. org/wp-content/uploads/2022/06/Informe-sobre-el-cumplimiento-de-las-recomendaciones-de-la-ACNUDH-Venezuela-2019-2021-mayo-2022_compressed.pdf=

del Zulia que fueron expropiadas por Chávez a finales de 2010; y que según un informe del International Crisis Group, esta explotación de 4.000 hectáreas tenía bajo gestión 8.000 cabezas de ganado vacuno, pero que tras su paso a manos públicas, "la producción ha colapsado y parte de los terrenos han sido tomados por "okupas". En cuanto a la leche generada en la explotación, la cuota diaria se desplomó de 5.000 a 75 litros diarios entre 2010 y 2014. Y se pasó de 8.000 a 3.600 cabezas de ganado en apenas cuatro años. Concluía, Rodrigo Sánchez de La Cruz, que, "A esto se suman las precarias condiciones laborales: aunque Chávez expropió estas granjas "para luchar contra la esclavitud", lo cierto es que los trabajadores llevan casi medio año sin cobrar"[92].

Las expropiaciones de tierras aprobadas por Chávez arrancaron 3,6 millones de hectáreas a cientos de empresas y familia, según el Diario *El Mundo* venezolano. En el marco de esta estrategia, el Estado decidió expropiar y nacionalizar empresas dedicadas a la alimentación. Para 2011 había expropiado 100 compañías del ramo[93]. Por ejemplo, como consecuencia del mal funcionamiento de Agroisleña, después de expropiada, se estima que cayó en un 40% la superficie total dedicada a la explotación de arroz. En el sector cárnico, la producción se ha desplomado más de un 30%, por lo que Venezuela ha pasado de ser exportador a importador neto. En cuanto a la producción de pollo, se estima que los niveles actuales se quedan cortos en 50.000 toneladas al mes. Se dice que Venezuela además de hiperinflación se considera que, "Oleadas de expropiaciones han convertido a Venezuela en un país arrasado por la escasez y el desabastecimiento". Es, pues, un hecho determinado de daños a la población venezolana en sus derechos a la alimentación y a la vida, la violación de los derechos de propiedad agraria por el presente régimen chavista en Venezuela.

---

92 Las expropiaciones chavistas llevaron el hambre a Venezuela - Libre Mercado
93 Guia.com.ve. https://www.americaeconomia.com/negocios-industrias/carne-importada-en-venezuela-abastece-el-52-del-consumo-del-pais.

VII

LAS VIOLACIONES DE LOS DERECHOS DE LOS PUEBLOS INDIGENAS DE PROPIEDAD COLECTIVA DE SUS HABITAS TERRITORIALES POR MOTIVOS POLITICOS Y EL DAÑO A LA BIODIVERSIDAD DE LA ZONA DEL ARCO MINERO DEL SUR DEL ORINOCO[94]

Asimismo, cabe dentro de la justicia restaurativa agraria investigar y reparar las violaciones de los derechos de las poblaciones indígenas por los daños causados a su biodiversidad por la falta de estudios de impacto ambiental y sociocultural en las actividades susceptibles de generar daños a los ecosistemas por los impactos negativos de la extracción y comercialización por parte del capital nacional, trasnacional o mixto, de los minerales de bauxita, coltán, diamantes, oro, hierro, cobre, caolín y dolomita en los recursos naturales en los hábitat indígenas y por la militarización de la zona en la demarcación de sus territorios en toda la margen sur del río Orinoco. Es posible, también que la justicia restaurativa investigue las violaciones y ordene al Estado repare los daños causados por la aplicación del decreto No. 2.248 publicado en la gaceta oficial 40.855 de febrero de 2016, mediante el cual creó la Zona de Desarrollo Estratégico Nacional que también es conocida como "Arco

---

94 Arco Minero del Orinoco: derechos humanos y ambiente devastados - Transparencia Venezuela

Minero del Orinoco", qué perjudicó el derecho de la propiedad colectiva de las tierras de los pueblos indígenas las cuales son inalienables, imprescriptibles, inembargables e intransferibles constitucionalmente, que comprende territorios de diez comunidades indígenas de Venezuela.

Los derechos de los pueblos indígenas y tribales sobre sus tierras ancestrales y recursos naturales son reconocidos en nuestra Constitución (arts. 119 a 126); que se basan en su estrecha relación con la tierra. Las tierras tradicionalmente utilizadas y ocupadas por ellos son un factor primordial de su vitalidad física, cultural y espiritual. Y, además, su derecho al territorio que incluye el uso y disfrute de sus derechos naturales., se relaciona directamente, como un prerrequisito, con los derechos a la existencia en condiciones dignas, a la alimentación, al agua, a la salud, a la vida, al honor, a la dignidad, a la libertad de conciencia y religión, a la libertad de asociación, a los derechos de la familia, y a la libertad de movimiento y residencias. E imponen que el Estado "les garantice en forma efectiva su derecho a vivir en su territorio ancestral y poder así no sólo realizar sus actividades tradicionales de subsistencia, sino también preservar su identidad cultural"[95].

Estos derechos de los pueblos originales, según la Comisión Interamericana de Derechos Humanos y de la Corte Interamericana de Derechos Humanos, se despenden de la interpretación principalmente del artículo XXIII de la Declaración Americana de los Derechos y Deberes del Hombre; y del artículo 21 de la Convención Americana sobre Derechos Humanos. Y, que se complementan con las normas del Convenio 169 de la Organización Internacional de Trabajo [OIT]15, de

---

[95] Resumen extraído de sentencias de la Corte Interamericana de Derechos Humanos citadas en el trabajo *Derechos de los pueblos indígenas y tribales sobre sus tierras ancestrales y recursos naturales*. Normas y jurisprudencia del Sistema Interamericano de Derechos Humanos. **Comisión Iinteramericana de Derechos Humanos**, OEA/Ser.L/V/II. Doc. 56/09 30 diciembre 2009 Original: Español; pp. 1 y 2 (htps://www.oas.org/es/cidh/indigenas/docs/pdf/tierras-ancestrales.esp.pdf). (Microsoft Word - Informe Tierras 240111 Esp. doc (oas.org.)

la Declaración de las Naciones Unidas sobre los Derechos de los Pueblos Indígenas, adoptada por la Asamblea General de Naciones Unidas por medio de la resolución A/61/295, 61tº que han fundamentado jurídicamente el derecho a la propiedad territorial de los pueblos indígenas y tribales en la costumbre internacional. Para la CIDH, "existe una norma de derecho internacional consuetudinario mediante la cual se afirman los derechos de los pueblos indígenas sobre sus tierras tradicionales[96].

Por otra parte, los derechos de propiedad indígenas sobre los territorios se extienden en principio sobre todas aquellas tierras y recursos que los pueblos indígenas usan actualmente, y sobre aquellas tierras y recursos que poseyeron y de los cuales fueron despojados, con los cuales mantienen su relación especial internacionalmente protegida, por ejemplo, un vínculo cultural de memoria colectiva, con conciencia de su derecho de acceso o pertenencia, de conformidad con sus propias reglas culturales y espirituales. El Estado debe proteger estos territorios a través de la delimitación, demarcación y titulación, como la zona geográfica donde habitan y realizan sus actividades los miembros de la comunidad indígena[97].

Los hechos comprobados de la violación de los derechos de los pueblos indígenas se derivan de la extracción masiva y descontrolada de oro, en la franja de territorio al sur de Venezuela que abarca el Arco Minero del Orinoco (AMO), de lo cual ha resultado un ecocidio de

---

96 CIDH, Alegatos ante la Corte Interamericana de Derechos Humanos en el caso de Awas Tingni v. Nicaragua. Referidos en: Corte IDH. Caso de la Comunidad Mayagna (Sumo) Awas Tingni Vs. Nicaragua. Fondo, Reparaciones y Costas. Sentencia de 31 de agosto de 2001. Serie C No. 79, párr. 140(d).

97 Corte IDH. Caso Comunidad Indígena Yakye Axa Vs. Paraguay. Fondo, Reparaciones y Costas. Sentencia de 17 de junio de 2005. Serie C No. 125, párr. 135. Vid, Derechos a las Tierras, Territorios y Recursos Naturales de los pueblos indígenas 10.09.2021 (https://programapueblosindigenas.cndh.org.mx/assets/doc/programa/M8_Cerami.pd).

dimensiones incalculables y en graves vulneraciones de los derechos humanos cometidos por grupos criminales que controlan la actividad. Ante esta realidad, organizaciones civiles y agencias internacionales exigen medidas urgentes para contrarrestar la situación y establecer responsabilidades. En efecto, este tema fue analizado por expertos que participaron en el seminario virtual *Ecocidio, corrupción y violaciones de los derechos humanos en el Arco Minero del Orinoco,* organizado por el Centro por los Derechos Civiles y Políticos (CCPR), Fundación Debido Proceso Legal (DPLF), SOS Orinoco, Transparencia Venezuela y Fundación Vortex.

El evento se desarrolló en el marco del 51° período de sesiones del Consejo de Derechos Humanos de la ONU en Ginebra, Suiza, bajo la moderación de Jan-Michael Simon, investigador senior del Max Plank Institute. Los panelistas coincidieron en señalar que tras la minería ilegal actúa una red criminal -conformada por grupos armados, militares y paramilitares, con la anuencia o colaboración de autoridades-, responsable de la vulneración de los derechos humanos de la población de la zona. Además, destacaron que el vínculo entre la corrupción, la violación de los derechos humanos y el ecocidio que se comete en el AMO es un tema que debe ser atendido por la comunidad internacional. "La corrupción es un impedimento para los derechos humanos y un ejemplo es lo que ocurre en el AMO", dijo Katherine Valencia, de la Fundación para el Debido Proceso (DPLF, por sus siglas en inglés).

En su intervención insistió en la necesidad de eliminar la brecha que existe entre las organizaciones defensoras de los derechos humanos y la comunidad anticorrupción para trabajar en conjunto por los derechos económicos, sociales, ambientales y políticos de los afectados por la minería ilegal. Valencia afirmó que se necesita un poder judicial independiente y renovar el mandato de la Misión para que las organizaciones civiles expongan la información y tengan incidencia en un tema de gran impacto en los derechos de los ciudadanos. En el mismo tenor se expresó Lázarie Eeckeloo, oficial de DDHH del Centro por los Derechos Civiles y Políticos, quien afirmó que detrás de "una violación de derechos humanos de la magnitud de la que ocurre en el AMO están la defensa del poder y el sostenimiento de un sistema que, de otra manera, se vería afectado en sus operaciones".

Según Trasparencia Venezuela, organizaciones civiles que monitorean lo que ocurre en el Arco Minero del Orinoco, que han documentado, han denunciado masacres en los pueblos mineros; desapariciones forzadas; asesinato de líderes indígenas; explotación laboral de adultos y niños; prostitución forzada; la contaminación del agua, suelo y aire, y la proliferación de enfermedades como la malaria. Por su parte, Cristina Vollmer de Burelli, presidenta de SOS Orinoco, denunció que Venezuela sufre la peor catástrofe ambiental del continente. Expresó que más que una zona geográfica determinada por el gobierno para la explotación minera, el Arco Minero del Orinoco es la política minera oficial del Estado.

Vollmer mencionó que la explotación de oro en el Arco se hace a un elevado costo por el impacto medioambiental que genera el uso de sustancias altamente contaminantes como cal, mercurio y arsénico en la actividad minera. Dijo que la organización ha investigado el impacto del mercurio, que utilizan para extraer el oro, en la flora y la fauna autóctona, así como en la población, mediante la recolección y análisis de muestras de agua, especies animales y humanos.

Vollmer agregó que los medios de comunicación, ONG de otros países y la comunidad internacional en general no han comprendido que la magnitud de la destrucción generada por el Arco Minero del Orinoco eleva a otro nivel la crisis medioambiental venezolana, y afecta la estabilidad el hemisferio y que "El Consejo de Derechos Humanos debe extender el mandato de la Misión de Determinación de los Hechos, la cual ha abierto los ojos al mundo sobre mucho de lo que ocurre en Venezuela."

Durante el evento virtual "Ecocidio, corrupción y violaciones de los derechos humanos en el Arco Minero del Orinoco", se proyectó un video preparado por Transparencia Venezuela, en el que se describe la red de corrupción que opera alrededor de la actividad minera en la zona, la cual genera ganancias por más de 900 mil millones de dólares. También menciona el impacto ambiental por el uso de sustancias como cal, mercurio y arsénico en el proceso de extracción del oro. Mercedes De Freitas, directora ejecutiva de la organización, destacó que la actividad criminal alrededor de la minería ilegal ha convertido al estado Bolívar en la tercera entidad más peligrosa del país. "Los grupos criminales tratan de disfrazar sus operaciones con organizaciones caritativas que distribuyen ayudas sociales en comunidades, escuelas y centros de salud en áreas desasistidas".

Señaló que el informe *Economía ilícitas* muestra cómo el Estado convive con los grupos criminales, los cuales, a través de esas "obras sociales", obtienen el control político y social en las comunidades; especialmente, en zonas como El Callao y Las Claritas. De Freitas destacó que, para poder subsistir, la población se ve obligada a formar parte del esquema de operaciones ilícitas que desde 2019 se ha autodenominado "El sistema". Según el informe, los mineros deben entregar mensualmente sacos del oro que obtienen a esta organización, lo que genera una ganancia aproximada de 18 millones de dólares al mes para las bandas que controlan el mercado.

"Sí hay presencia del gobierno venezolano, pero en lugar de ser una solución se suman al problema. La convivencia del Estado con los grupos criminales se ha vuelto tal, que ya no se puede diferenciar donde termina uno y empieza el otro», apuntó De Freitas. "Expertos estiman que todavía hay mucho oro en el subsuelo venezolano, pero eso no se ha traducido en bienestar para la gente. Por el contrario, se ha incrementado la presencia de grupos criminales", concluyó.

Respecto a la confusión de los límites entre las organizaciones criminales y el Estado, Eduardo Salcedo-Albarán explicó que Vortex ha venido mapeando la cooptación mutua, cómo funcionan y su impacto. "Estas redes se han definido como una superred de corrupción que se extiende a miles de individuos y empresas". Destacó que al inicio identificaron 5.000 nodos, entre individuos y empresas, que superan por varios órdenes al caso de corrupción más grande de la región, como es el caso Lava Jato. No obstante, la más reciente medición identificó 9.469 nodos, "que amparan, reflejan y sostienen la violación de los derechos humanos y el ecocidio que cometen las empresas y bandas que se cooptan mutuamente en Venezuela".

La Misión Internacional Independiente de Determinación de los Hechos en Venezuela presentó su tercer informe en septiembre de 2022 y el Consejo de Derechos Humanos de la ONU renovó su mandato. Para la sociedad civil venezolana y las víctimas de violaciones de derechos humanos y corrupción, especialmente en la región del Arco Minero del Orinoco, es crucial que el mandato de la Misión se extienda para que pueda continuar con su trabajo único y vital de documentación y análisis. En este Informe de determinación de hechos nuevamente se hacen referencia a la situación de violencia reinante en el Arco Minero del Orinoco, reiterando que actores estatales y no estatales han cometido violaciones «contra la población local, en el marco de la lucha por el control de las zonas mineras. Entre ellos figuran privaciones arbitrarias de la vida, desapariciones, extorsiones, castigos corporales y violencia sexual y de género».

El nuevo Informe pone especial énfasis en el estado Bolívar, donde ha proliferado con mayor fuerza la onda expansiva de destrucción minera, que a su paso ha atropellado a comunidades indígenas completas. «En el municipio Gran Sabana, al sur del estado, la Misión ha documentado en profundidad varios casos en los que las fuerzas del Estado han atacado a las poblaciones indígenas, cometiendo una serie de violaciones. Entre ellos, los enfrentamientos que se produjeron en 2019 tras el intento de la oposición de trasladar ayuda humanitaria a Gran Sabana desde Brasil».

El Informe continúa explicando que la situación en el estado de Bolívar y en otras zonas mineras es profundamente preocupante. Y en el Informe presentado el 5 de julio de 2023, ante el Consejo de DDHH de la ONU, el Alto Comisionado de la Oficina para DDHH de la Organización de Naciones Unidas, recordó la situación de asesinatos, mutilaciones, violencia sexual, esclavitud, incluida la trata de niñas y trabajo infantil, vinculados a la extracción del oro y su afectación a los derechos de los pueblos indígenas en sus territorios, produciendo fenómenos de desaparición y desplazamiento forzado de sus comunidades. El Alto Comisionado recuerda también la vinculación de la expansión de la actividad minera, con el avance de delitos contra las poblaciones indígenas que habitan en estos espacios de extracción. "La extracción de oro se ha vinculado a alegaciones de asesinatos, mutilaciones, violencia sexual, formas contemporáneas de esclavitud, incluida la trata sexual y el trabajo infantil, desapariciones forzadas por presuntos grupos armados y criminales no estatales, amenazas e intimidación contra personas indígenas y desplazamiento forzado de comunidades indígenas enteras por temor a la violencia y huyendo de condiciones de vida críticas".

En el anterior Informe, se afirma que durante el período que abarca la demarcación de las tierras de los pueblos indígenas permaneció paralizada, a pesar de la obligación del Estado de reconocer y proteger jurídicamente las tierras de los pueblos indígenas, respetando sus costumbres, tradiciones y sistemas de tenencia de la tierra". En 2015, la comisión técnica de demarcación pasó desde el Ministerio de Pueblos Indígenas a depender de la vicepresidencia de la República y desde esa fecha no ha tenido ninguna actividad conocida y no han otorgado ningún título de demarcación de territorio a ningún otro pueblo indígena del país. Y las comunidades indígenas uwottüja de Amazonas llevan 10 años esperando respuesta de la Comisión Nacional de Demarcación del Hábitat y Tierras de los pueblos y comunidades indígenas. Por eso anunciaron que en 2022 acudirán a instancias internacionales para obligar al Estado venezolano a cumplir el artículo 119 de la Constitución nacional y a los instrumentos jurídicos internacionales que les otorgan a los pueblos indígenas y tribales derechos sobre los territorios que ancestralmente ocupan[98].

---

98 Indígenas uwottüja acudirán a instancias internacionales para demandar la demarcación y titularidad de sus territorios - Kapé Kapé (kape-kape.one)

En la Comisión Delegada de la Asamblea Nacional Democrática, en su sesión del **29 de marzo de 2022,** el Diputado Romny Flores, lamentó que, ante la crisis humanitaria compleja que están viviendo los pueblos indígenas, uno de los sectores más vulnerables del país, el Estado sea el artífice de persecución, acorralamiento y muerte de estas comunidades. Y por el asesinato de yanomamis en Parima B del municipio Alto Orinoco del estado Amazonas el 20 de marzo de año mencionado, a manos de efectivos de la Fuerza Armada Nacional, los diputados condenaron esta masacre y exigieron que se retiren de los territorios indígenas y que se haga justicia. Igualmente, el diputado por el estado Amazonas Julio Ygarza, condenó la muerte de los indígenas de la etnia Yanomami en manos de los efectivos de la Fuerza Armada Nacional, el 20 de marzo en la comunidad yanomami de Parima B, del Municipio El Torinoco del estado Amazonas. Y afirmó, que "como indígena rechazamos la militarización de nuestros territorios y comunidades indígenas y más aún cuando se hace sin respetar la cosmovisión, la cultura, la vida ancestral de nuestros pueblos indígenas. De allí es que se repiten tantas desgracias, como la que está viviendo el pueblo Yanomami con sus hermanos asesinados". Y, deploró la expansión de la minería ilegal en los territorios indígenas trayendo consigo la transculturización tanto brasilera como colombiana. "Como diputado de esta Asamblea Nacional legítima y como indígena y hermano de todos los yanomamis de Venezuela, condenamos estas atrocidades en contra de nuestros pueblos originarios enmarcadas en la muerte"[99].

PROVEA, en su Informe sobre Derechos Humanos 2022, dice que el reconocimiento territorial, condición indispensable para la supervivencia física y cultural de los pueblos indígenas, continuó sin materializarse. Y, que, desde que el Ejecutivo Nacional promulgó el decreto Zona de Desarrollo Estratégico Nacional Arco Minero del

---

99 Diputados legítimos condenaron asesinatos de indígenas por militares venezolanos y exigen justicia (Asamblea Nacional (asambleanacionalvene-zuela.org)

Orinoco, en 2016, se profundizaron las consecuencias de la minería en la vida de los indígenas. Incluso en el monitoreo de medios que realizó PROVEA durante 2022 para este informe, no figura ninguna noticia sobre el otorgamiento de títulos de propiedad o el reconocimiento de los expedientes de autodemarcación ya introducidos en las comisiones de demarcación. Los territorios indígenas representan aproximadamente 45% del territorio nacional, solapado por áreas protegidas legalmente establecidas. De acuerdo con el Ministerio del Poder Popular para los Pueblos Indígenas (MINPPI), apenas se han titulado 12% de las tierras indígenas; aunque la realidad es que muchas de las titulaciones no han consagrado la noción del territorio como espacio de vida de los pueblos y comunidades indígenas del país. La mayor parte de los títulos otorgados corresponden más a cartas agrarias que a demarcaciones de hábitats y tierras indígenas, tal como lo consagra el artículo 119 de la Constitución de la República Bolivariana de Venezuela (CRBV). La mora de este derecho por el Estado y la promoción de proyectos extractivos por parte de este, continúan generando impactos negativos sobre las culturas y territorios indígenas.

Los enfrentamientos entre indígenas y hacendados, según PROVEA, tienen su origen en la falta de titulación y el no saneamiento de los territorios indígenas (pago de bienhechurías a terceros por parte del Estado), que también se han extendido a otras entidades del país. Del mismo modo han recrudecido conflictos ya existentes, específicamente en la Sierra de Perijá, estado Zulia, donde ya suman varios asesinatos de indígenas yukpas. El 04.09.22 las mujeres yukpas nuevamente denunciaron que grupos irregulares tienen tomadas las comunidades de Kuse y Chaktapa[100].

En el Informe sobre el cumplimiento de las Recomendaciones de la ACNUDH Venezuela 2019-2021, publicado en mayo de 2022, por PROVEA, Acceso a la Justicia, UCAB Centro de Derechos Humanos,

---

100 PROVEA Informe Resumen Anual situación de Derechos Humanos en Venezuela Enero-Diciembre 2022, PP. 68-69 (Informe-Provea-2022.pdf)

y otras organizaciones, se dice, que aquellos territorios indígenas considerados estratégicos para minería y/o fronterizos han sido militarizados. Sin embargo, con la minería y el AMO se han incrementado asentamientos -con la anuencia del Estado- en hábitat indígena de grupos armados: sindicatos (Grupos delincuenciales), guerrillas extranjeras, grupos armados que los obligan a sumarse, desplazarse y/o enfrentarse y morir. Algunos pueblos, en uso del derecho a la autodeterminación han implementado "Guardias Territoriales Indígenas", lo que ha dado lugar a enfrentamientos con estos grupos armados y militares. Sus formas tradicionales de autodeterminación y participación son criminalizadas, además de sufrir constantes esfuerzos de cooptación y debilitamiento[101].

En 2005 se promulgó la Ley Orgánica de Pueblos y Comunidades Indígenas (LOPCI) y se entregaron los primeros títulos de tierras y los indígenas presentaron su rechazo ante la Procuraduría General de la República, al no ser realmente títulos colectivos de propiedad sino un símil en cartas agrarias de uso y usufructo. La última entrega de títulos fue en 2016, a las comunidades indígenas Chaima, Pumé y Kariña, en Monagas. De 2017 a 2021, no se ha entregado título a ninguna comunidad indígena en el país. En su informe AHCR 48/19, la ACNUDH documentó que, hasta 2021, sólo se había demarcado el 15% de las tierras indígenas, y 102 títulos de propiedad y hábitat se habían expedido, equivalentes al 3,22% del territorio nacional. También expresó preocupación por procesos de demarcación aprobados, que esperan ser ejecutados hace más de 15 años, cuando el plazo legal aplicable es de 30 días. Los territorios indígenas considerados estratégicos para minería y/o fronterizos han sido militarizados.

Por otro lado, "la desatención estatal, los grupos armados, la explotación minera, la violencia y la pérdida de sus modos tradicionales

---

101 Informe sobre el cumplimiento de las Recomendaciones de la ACNUDH Venezuela 2019-2021, anteriormente citado, pág. 79 (htps://cepaz.org/wp-content/uploads/2022/06/Informe-sobre-el-cumplimiento-de-las-recomendaciones-de-la-ACNUDH-Venezuela-2019-2021-mayo-2022_compressed.pdf)

de vida ha obligado a un desplazamiento indígena tanto interno como a otros países. Estos flujos migratorios indígenas según el Informe sobre el cumplimiento de las Recomendaciones de la ACNUDH Venezuela 2019-2021, significan una pérdida de todo el acervo histórico cultural y de su identidad como Nación. La violencia en territorios indígenas es de carácter estructural. La crisis alimentaria y de salud, el retroceso en la garantía de servicios públicos, el deterioro de sus formas productivas y la desatención estatal ha obligado las poblaciones indígenas salir forzosamente de sus territorios para sobrevivir. A esto, en 2019, se sumó la persecución por razones políticas contra Pemones que debieron huir del país. Se ha reconocido presencia de 10 Pueblos indígenas migrantes forzosos en: Colombia; Brasil y Guyana. En 13 refugios se albergan a 6.586 indígenas y 2.598 no indígenas[102].

102 Informe sobre el cumplimiento de las Recomendaciones de la ACNUDH Venezuela 2019-2021, anteriormente citado, pág. 78 y 79 (htps://cepaz. org/wp-content/uploads/2022/06/Informe-sobre-el-cumplimiento-de-las-recomendaciones-de-la-ACNUDH-Venezuela-2019-2021-mayo-2022_compressed.pdf)

VIII

LOS ESTANDARES INTERNACIONALES DE PROCEDENCIA DE LA JUSTICIA RESTAURATIVA AGRARIA

Los razonamientos expuestos respecto a la justicia restaurativa con relación a la justicia retributiva, así como sobre los derechos de propiedad privada y colectiva, de desarrollo humano integral y otros derechos inherentes a la dignidad de los productores, campesinos y a los derechos de las poblaciones indígenas, permiten aproximarse a una elaboración conceptual de los estandares internacionales sobre la justicia restaurativa agraria; y su vigencia para la solución de las restituciones y reparaciones a las violaciones de esos derechos. En ese orden de ideas, esos principios, generales y específicos, que sirven de fundamento a los derechos de restitución y de reparación de derechos agrarios fundamentales, pueden resumirse de la siguiente forma sistemática:

Las acciones y omisiones de los Estados y los agentes estatales durante los conflictos políticos también pueden suponer violaciones de los derechos económicos, sociales y culturales, como el derecho de propiedad, al trabajo, y a la calidad de vida sustentable. En efecto, Los derechos económicos, sociales y culturales son parte del marco jurídico universal de los derechos humanos, según el cual todos los derechos son "universales, indivisibles e interdependientes y están relacionados entre sí" (art. 19 CRBV) Por ello, se incluyen también en las agendas de transición de regímenes autoritarios a regímenes democráticos, los problemas de violaciones de derechos de propiedad cuando según los principios de justicia restaurativa la restitución de tierras a las víctimas de despojo y abandono forzado se considera un derecho fundamental.

Se incluyen también en las agendas de transición los problemas de violaciones de derechos de propiedad cuando son parte de un cuadro sistemático planificado de persecución por razones políticas e ideológicas. Según los principios de justicia restaurativa la restitución de tierras a las víctimas de despojo y abandono forzado se considera un derecho fundamental. Hoy día por influjo del derecho internacional de derechos humanos el ideario de la justicia restaurativa ha traspasado los temas de castigos y sanciones penales por violación de derechos individuales y políticos para comprender los temas de violación de derechos económicos y sociales. Se incluyen también en las agendas de transición los problemas de violaciones de derechos de propiedad cuando son parte de un cuadro sistemático planificado de persecución por razones políticas e ideológicas.

Según los principios de justicia restaurativa la restitución de tierras a las víctimas de despojo y abandono forzado se considera un derecho fundamental. Por ello, los propietarios y poseedores despojados y desalojados arbitrariamente, tienen derecho fundamental a que el Estado le conserve su derecho a la propiedad o posesión y les restablezca el uso, goce y libre disposición de esta; o a que les otorgue una justa indemnización. en las condiciones establecidas por el derecho constitucional e internacional en la materia. En efecto, en estos casos el derecho a la propiedad o a la posesión adquiere un carácter particularmente, reforzado, que merece atención especial por parte del Estado (artículos 29 y 30 CRBV).

La justicia restaurativa se establece en favor de las víctimas para el goce efectivo de sus derechos, con miras a que les resarza sus derechos que fueron menoscabados por el conflicto interno que ha vivido el país. Lo determinante es cuando la privación de la propiedad es ilegítima en los casos de víctimas individuales, en casos nacionalizaciones inconstitucionales, expropiaciones sin indemnización u ocupaciones o tomas de propiedades por la violencia, por retaliación política o exclusión por razones ideológicas. La justicia restaurativa agraria debe contar con mecanismos que pueden utilizar las víctimas para verificar la verdad, establecer las responsabilidades y las medidas de reparación y que le permitan demostrar que tenían un derecho a un beneficio real derivado de su principal actividad económica que le fue arrebatado.

La justicia restaurativa agraria se basa en el principio del derecho internacional de los derechos humanos, de que cuando la facultad del estado de restringir o extinguir la propiedad no respeta los límites de la legalidad, la legitimidad, la proporcionalidad, la no discrecionalidad, la no arbitrariedad y forma parte de una sistemática persecución política contra grupos de propietarios, constituye una especial y grave afectación al derecho a la propiedad.

Igualmente, para que las privaciones de la propiedad y posesión puedan ser consideradas legitimas por utilidad pública, interés social o interés público, se requiere que:

1. Hayan sido previamente establecidas por ley;

2. Sean necesarias;

3. Sean proporcionales. Y,

4. Tengan el fin de lograr un objetivo legítimo en una sociedad democrática.

Por ello, la privación arbitraria e ilegal de los bienes se le denomina despojo, o desalojo forzoso, es decir, injusto, de las personas o poblaciones, tanto de sus hogares o de sus tierras, porque atenta contra el derecho de todas las personas de gozar de cierto grado de seguridad de tenencia de sus bienes, por lo que la Comisión de Derechos Humanos de la ONU también ha señalado que "la práctica de los desalojos forzosos constituye una violación grave de los derechos humanos"[103]. Es decir, el hecho de hacer salir a personas, familias y/o comunidades de los hogares y/o las tierras que ocupan, en forma permanente o provisional, sin ofrecerles medios apropiados de protección legal o de otra índole ni permitirles

---

103 Informe de la Conferencia de las Naciones Unidas sobre los Asentamientos Humanos (Hábitat II) (A/CONF.165/14), anexo II, Programa de Hábitat, párr. 40 n).

su acceso a ellos. Y dadas la interrelación y la interdependencia que existen entre todos los derechos humanos, los desalojos forzosos violan frecuentemente otros derechos humanos. Así pues, además de infringir claramente los derechos consagrados en el Pacto de Derechos Civiles y Políticos, la práctica de los desalojos forzosos también puede dar lugar a violaciones de derechos civiles y políticos, tales como el derecho a la vida, el derecho a la seguridad personal, el derecho a la no injerencia en la vida privada, la familia y el hogar, y el derecho a disfrutar en paz de los bienes propios.

Por otro lado, muchos casos de desalojos forzosos están relacionados con la violencia, por ejemplo, los causados por conflictos armados internacionales, las disensiones internas, la persecución por motivos políticos y la violencia comunitaria o étnica[104]. En concreto, conforme el derecho internacional de derechos humanos, "el Estado deberá abstenerse de llevar a cabo desalojos forzosos y garantizar que se aplique la ley a sus agentes o a terceros que efectúen desalojos forzosos (…). Este planteamiento se ve reforzado además por lo dispuesto en el párrafo 1 del artículo 17 del Pacto Internacional de Derechos Civiles y Políticos, que complementa el derecho a no ser desalojado forzosamente sin una protección adecuada. En esa disposición se reconoce, entre otras cosas, el derecho a la protección contra "injerencias arbitrarias o ilegales en el domicilio propio".

Es de señalar que la obligación del Estado de garantizar el respeto de ese derecho no está condicionada por consideraciones relativas a los recursos de que disponga[105].

Finalmente, de los tratados internacionales y principios del derecho internacional de los derechos humanos, en concordancia con los

---

104 ONU, 16° período de sesiones (1997)· Observación general N.° 7, El derecho a una vivienda adecuada (párrafo 1 del artículo 11 del Pacto de Derechos Civiles y políticos): los desalojos forzosos, No. 6.

105 ONU, 16° período de sesiones (1997)· Observación general N.° 7, El derecho a una vivienda adecuada (párrafo 1 del artículo 11 del Pacto de Derechos Civiles y políticos): los desalojos forzosos. No. 8.

artículos 2º , 19, 21, 22, 23, 29 30 y 339, de la Constitución; puede interpretarse que el derecho a la reparación, en casos de violaciones arbitrarias y graves al derecho de propiedad , que además lesionen los derechos inherentes a la personas humana, comprende: 1) La restitución ; 2) Las medidas de rehabilitación; 3) Las medidas de satisfacción; 4) Las garantías de no repetición; 5) La obligación de investigar, juzgar , y en su caso, sancionar; y 6) El daño al proyecto de vida[106].

---

106 Salvador Herencia Carrasco, *Las reparaciones en la jurisprudencia de la Corte Interamericana de Derechos Humanos, en Sistema Interamericano de Protección de los Derechos Humanos y Derecho Penal Internacional,* Tomo II, PP 543 -565 (untitled (unam.mx). Vid, Reyzon Alexander Hernández Lancheros Estándares internacionales de Justicia Restaurativa implementados con el Acuerdo de Paz (https://repository.usta.edu.co/bitstream/handle/11634/42609/2021reyzonhernandez.pdf). Shirley Vanessa Méndez Romero y Norberto Hernández Jiménez (Justicia restaurativa y Sistema Interamericano de Derechos Humanos (redalyc.org)). UNODC Manual sobre programas de Justicia Restaurativa (Segunda Edición (2nd_Edition_UN_Handbook_on_RJ_ES.pdf (euforumrj.org). Naciones Unidas E/CN.15/2002/5/Add.1 Consejo Económico y Social. Comisión de Prevención del Delito y Justicia Penal. Informe de la reunión del Grupo de Expertos sobre Justicia Restaurativa (Restorative justice, Report of the Secretary-General, Addendum, E/CN.15/2002/5/Add.1, Spanish (unodc.org).

IX

PRINCIPIOS DE LA JUSTICIA RESTAURATIVA AGRARIA

A su vez, de los anteriores estándares, propios del derecho internacional de derechos humanos, se desprenden, como criterios de orientación para la interpretación del sistema de justicia restaurativa, los siguientes principios:

1º) La transición política debe contemplar la justicia restaurativa agraria en los casos de ataque masivo y sistemático contra la propiedad agraria productiva que ha afectado el derecho de alimentación de la población.

2º) La reconstrucción del sector productivo agrario pasa por la reparación del derecho de propiedad agraria como base del desarrollo rural integral.

3º) La comunidad internacional ha señalado la violación del derecho de propiedad agraria como parte de una política de persecución y de intimidación del sector productivo como una violación grave de derechos humanos en Venezuela.

4º) En las instituciones y mecanismos del sistema de justicia restaurativa debe especializarse la justicia restaurativa agraria para la restitución y reparación de los derechos de los productores agropecuarios víctimas de la política sistemática de persecución del sector privado productivo.

5º) El sistema de justicia restaurativa agraria debe considerar víctimas a aquellos productores que hayan sufrido un daño por el despojo sistemático, masivo y forzado de propiedades agrarias productivas, violatorios de grave y manifiestamente de normas internacionales de derechos humanos y constitucionales con ocasión de la persecución de la llamada "lucha contra el latifundio".

6º) La restitución del derecho de propiedad agraria despojado con violencia y arbitrariamente es una demanda de las víctimas de un grupo social determinante de la seguridad alimentaria

7º) La tierra y el territorio son un elemento clave para el ejercicio del derecho a la autonomía y libre determinación de los pueblos indígenas.

8º) Los derechos humanos reconocen derechos colectivos sobre la tierra y el territorio de los pueblos indígenas que comprenden la relación que los pueblos indígenas tienen con sus tierras, con sus recursos naturales, comprendiendo el subsuelo, así como la protección del medio ambiente y de la biodiversidad de sus territorios.

9º) El Estado debe proteger los habitas de los territorios tradicional-mente ocupados ancestralmente por las comunidades indígenas, a través de la delimitación, demarcación y titulación, como la zona geográfica donde habitan y realizan sus actividades.

10º) El derecho consuetudinario indígena tiene valor jurídico como fundamento del derecho de propiedad para los reclamos o pretensiones de propiedad por parte de comunidades indígenas que carezcan de un título real sobre sus tierras y debe ser tenido plenamente en cuenta para todos los efectos jurídicos.

X
REGLAS FUNDAMENTALES
DE LA JUSTICIA RESTAURATIVA AGRARIA

A) El Estado debe garantizar el derecho de acceso a la justicia para las personas despojadas de sus tierras con violación de sus derechos fundamentales.

B) Toda persona a quien se haya privado arbitraria o ilegalmente de su vivienda, sus tierras o su patrimonio tiene derecho a su restitución y reparación.

C) Es obligación del Estado garantizar que todas las víctimas de despojo puedan acceder a los procedimientos de reclamación de la restitución

D) Los Estados tienen la obligación de garantizar que las personas afectadas tengan conocimiento de los procedimientos de reclamación y que la información se ponga fácilmente a su disposición[107].

---

107 Por ejemplo: después del gobierno sandinista (1979-1990), en los acuerdos de transición, se estableció una instancia administrativa "La Comisión Nacional de Revisión de Confiscaciones" mediante el DECRETO 11-90 -LEY DE REVISIÓN DE CONFISCACIONES del 11 de mayo de 1990, Publicado en La Gaceta No. 98 de 23 de mayo de 1990, según el fundamento de dicho Decreto, porque, "para la construcción de una democracia basada en la justicia y el derecho se hace necesario revisar los actos que produjeron grandes violaciones al derecho de propiedad, sobre participaciones, derechos, bienes muebles e inmuebles y patrimonio de particulares por vía de confiscación, expropiación, ocupación de bienes presuntamente abandonados, invasiones e intervenciones al margen de la Ley o con base a Leyes y Decretos arbitrarios". Y, por cuanto, "es indispensable para el establecimiento de un Estado de Derecho para la Reconciliación Nacional y para la recuperación económica de la nación, proceder de mediato a la revisión de todas las confiscaciones, intervenciones y acciones ejecutadas por el Gobierno anterior y los actos que de una u otra forma privaron arbitrariamente de sus bienes a personas

E) Los Estados deben establecer plazos precisos para la presentación de reclamaciones de restitución.

F) Los Estados tienen la obligación de restituir los territorios a los pueblos originarios desplazados por las actividades minerales ilegales realizadas en la Zona del Arco Minero del Orinoco.

G) El Estado, cuando no es posible restituir las tierras, debe analizar otras alternativas, por ejemplo, indemnizaciones monetarias o en especie; para lo cual podrían preverse fondos compensatorios.

Finalmente, La Justicia Restaurativa Agraria puede orientarse por los siguientes **"Principios Pinheiro de la Comisión de Derechos Humanos de la ONU para los casos de despojos sistemáticos y masivos de sectores sociales** (28 de junio de 2005)[108].

---

naturales y jurídicas". A la referida Comisión se le facultó "para proceder a la revisión de todas las confiscaciones ejecutadas por el gobierno sandisnista anterior bajo las leyes y decretos confiscatorios, expropiatorios o de reforma agraria y los que de una u otra forma privaron de sus bienes, derechos y acciones a personas naturales o jurídicas, respetando los derechos de los campesinos, de las cooperativas que cumplan su función social y económica y de las personas menos privilegiadas" (nic135207.docx (fao.org). El decreto 11-90 de Revisión de Confiscaciones fue declarado inconstitucional por la Corte Suprema Corte de Justicia de Nicaragua, mediante Sentencia No. 27 del 17 de mayo de 1991, dejando sin efecto las disposiciones relativas a las funciones resolutorias de la Comisión Nacional de Revisión, por considerarlas de carácter jurisdiccional, pero estableció que no se puede dejar sin respuesta a todas aquellas personas que habían presentado sus reclamaciones mediante el procedimiento administrativo previsto en dicho Decreto 11-90, cuyos casos deben ser revisados y resueltos. Y el gobierno nicaragüense, reformó el citado Decreto 11-90, lo sustituyó por el Decreto No. 23-91 del 24 de mayo de 1991, Publicado en La Gaceta No. 100 del 3 de junio de 1991advirtiendo que la sentencia de inconstitucionalidad parcial dictada por la Corte Suprema de Justicia no afectaba la firme y decidida voluntad de la Presidente de la República de cumplir con el compromiso adquirido de revisar y devolver en lo posible lo injustamente quitado (legislacion.asamblea.gob.ni/normaweb. nsf/($all)/ab8f345992bababe062570a10057d85e). (Vid, "" La propiedad de Nicaragua", disponible en: La propiedad de Nicaragua (monografias.com)
108 Los Principios Pinheiros nacen en el 2005 tras siete años de trabajo que

a) La restitución debe establecerse como el medio preferente para la reparación al ser un elemento esencial de la justicia restitutiva.

b) La restitución es un derecho en sí mismo y es independiente de que se haga o no efectivo el retorno.

c) Nadie podrá ser obligado a retornar en contra de su voluntad

d) Las autoridades deben prestar asistencia para el retorno y el reasentamiento efectivo de quienes sean restituidos en sus propiedades.

e) Las medidas de restitución deben respetar los derechos de terceros ocupantes de buena fe, quienes, de ser necesario, podrán acceder a medidas compensatorias.

f) Las medidas de restitución deberán proveer la protección y asistencia requerida a aquellos con necesidades especiales o que se encuentren en condiciones particulares de desprotección o exclusión.

La Alta Comisionada, con motivo del 15º aniversario de los Principios y Directrices Básicos sobre el Derecho de las Víctimas de Violaciones Graves de las Normas Internacionales de Derechos Humanos y de

---

empezó con la Resolución 1998/26 sobre "sobre la Restitución de viviendas y de patrimonio con motivo del regreso de los refugiados y los desplazados internos de 1998" (Naciones Unidas, 2007). El Relator Especial de la Subcomisión de las ONU encargado para ello, Paulo Sérgio Pinheiro, formuló el documento final entre los años 2002 y 2005, adoptando su apellido como referencia para su denominación. Siendo un conjunto de principios y no una convención o tratado internacional, este instrumento se ubica dentro de la 10 categoría de *soft law* del Derecho o también mencionado dentro de la literatura o la doctrina derecho flexible o derecho blando. Por este concepto, se entiende "El término es usualmente empleado por la doctrina para describir principios, reglas, estándares o directrices que carecen de efecto vinculante, aunque no dejan por ello de producir determinados efectos jurídicos" (Del Toro Huerta, M. (2006). El fenómeno del *soft law* y las nuevas perspectivas del Derecho Internacional. Anuario Mexicano de Derecho Internacional, 6, pág. 533).

Violaciones Graves del Derecho Internacional Humanitario a Interponer Recursos y Obtener Reparaciones, destacó" *el papel catalizador que los recursos y reparaciones genuinos pueden tener en la vida cotidiana de las víctimas, las familias, las comunidades y sociedades enteras*"[109].

---

109 Decimoquinto aniversario de los Principios y directrices básicos sobre el derecho de las víctimas de violaciones manifiestas de las normas internacionales de derechos humanos y violaciones graves del derecho internacional humanitario a interponer recursos y obtener reparaciones: "La función catalizadora de las reparaciones" | ACNUDH (ohchr.org)

XI

LA JUSTICIA RESTAURATIVA AGRARIA COMO SUBESPECIALIDAD DE LA JURISDICCION AGRARIA Y UN SISTEMA INTEGRAL DE RESTITUCION DE TIERRAS

Como lo precisa el autor colombiano, **Sergio Roldán,** la restitución de tierras es el derecho que tienen las víctimas para que a través de un proceso se les devuelva sus predios, de los cuales fueron despojados arbitrariamente o en el marco de un conflicto derivado de una crisis política. Este proceso no sólo busca devolver la tierra con su respectivo título de propiedad, sino también mejorar las condiciones socioeconómicas de las personas que retornarán a dichas zonas. Por tanto, la reparación integral es uno de los principios derivados de este derecho, por lo que se puede reclamar la indemnización, rehabilitación, garantías de satisfacción y de no repetición.

El citado autor analiza el proceso de restitución de tierras de Colombia y las problemáticas que este posee, entre ellas, las limitaciones de los jueces civiles para resolver temas propios del derecho administrativo, por lo que su tesis es que la restitución de tierras y la política redistributiva este bajo la competencia de la jurisdicción contencioso-administrativa y no de la penal. Considera el profesor Sergio Roldan, que tales cuestiones implican, primeramente, saber cómo debe ser esa jurisdicción contencioso-administrativa de tierras puesto que se requiere examinar actos administrativos o hechos de la administración vinculados a la política de restitución de tierras y además ser garante en la aplicación de las políticas públicas de desarrollo rural. Al igual que el proceso de restitución y cómo debe garantizar una reparación integral y el acceso a la propiedad de la tierra. Por estas razones, concluye que lo óptimo para el desarrollo del proceso de restitución de tierras es que se asigne su competencia a la jurisdicción contenciosa administrativa. además, que el hecho de que el derecho administrativo ampare este tipo de litigios permite que se amplíe el radio de acción para atender a la población vulnerable y garantizarles sus derechos, teniendo en cuenta una dinámica judicial que permita el diálogo y la participación efectiva de las víctimas en el marco de la justicia administrativa transicional con un enfoque restaurativo que contribuya al propósito de lograr una paz estable y duradera en el campo[110].

Particularmente, participo de este criterio, además de las razones doctrinarias, por razones prácticas en Venezuela, en donde existe, mal que bien, una jurisdicción especial agraria que está integrada por la Sala de Casación Social del Tribunal Supremo de Justicia, y los demás tribunales señalados en la Ley de Tierras y Desarrollo Rural. Y por cuanto, a la Sala de Casación Social del Tribunal Supremo de Justicia, debido a la especialidad de la materia, conoce no sólo de los recursos de casación, sino también de los asuntos contenciosos administrativos que surjan con motivo de la aplicación de dicha Ley, y a cuyo efecto, se crea una Sala Especial Agraria. además, que los Tribunales Superiores Regionales Agrarios competentes por la ubicación del inmueble, como Tribunales de Primera Instancia, son competentes para conocer de los recursos que se intenten contra cualquiera de los actos administrativos agrarios; y de todas las acciones que por cualquier causa, sean intentadas con ocasión a la actividad u omisión de los órganos administrativos en materia agraria, las demandas patrimoniales y demás acciones con arreglo al derecho común que sean interpuestas contra cualesquiera de

---

110 Roldan Zuluaga, S, (2020). *Justicia administrativa para la restitución de tierras y la reforma rural integral en Colombia*. Una hipótesis de trabajo. *Lecturas sobre derecho de tierras. Tomo IV*. (pp. 378-424). Bogotá: Universidad Externado de Colombia (Lecturas sobre Derecho de Tierras-Tomo IV_final. indd (uexternado.edu.co)

los órganos o los entes agrarios, E, igualmente contempla procedimientos Contenciosos Administrativos Agrarios y de las Demandas contra los Entes Estatales Agrarios[111].

Esta competencia de la Sala de Casación Social y de los Tribunales Superiores Regionales Agrarios constituye una subespecialidad dentro de la jurisdicción contencioso-administrativa, a tenor de lo dispuesto en el artículo 1º, de la Ley Orgánica de esta jurisdicción[112]. Por supuesto, que la acción de restitución y de reparación es de la competencia contencioso-administrativa agraria cuando el despojo o desalojo es imputable directa o indirectamente a los órganos administrativos agrarios, que se encuadraría en el régimen general de la responsabilidad del estado, derivada de su actuación u omisión administrativa, a que se contrae el artículo 141, de la Constitución, en concordancia con su artículo 259; o de su actividad agraria empresarial, a que se refieren los artículos 145 y 146, de la Ley de la Ley de Tierras y Desarrollo Rural vigente Y, si el ocupante o invasor es un particular o un grupo de individuos, la demanda de restitución y de reparación es de la competencia de los jueces agrarios de primera instancia, conforme los artículos 151, 186 y 197, numerales 6, 7, 9 y 10, eiusdem.

Sin embargo, en mi criterio, si al conocer de una demanda de restitución de tierras, el tribunal contencioso administrativo agrario, o el tribunal agrario; encuentra que la causa del despojo o la privación de la propiedad o posesión, es un delito, debería declinar su competencia en tribunales competentes de la jurisdicción penal, quienes asumirían la competencia para decidir tanto sobre la responsabilidad penal como sobre la responsabilidad por la restitución y por los daños por la reparación por el despojo o desalojo ilícito de los bienes o de las tierras, violatorios del derecho de propiedad. Porque se trata de una responsabilidad civil agraria directa derivada de la comisión de un

---

111 Ley de reforma parcial de la Ley de Tierras y desarrollo agrario (Artículos 151, 156 y ss). (Gaceta Oficial Nº 5.991 Extraordinario del 29 de julio de 2010)
112 Vid, artículo 1º de La Ley Orgánica de la Jurisdicción Contencioso Administrativa (G. O. Nº 39.451 del 22 de junio del 2010)

delito, en cuyo caso se aplican los artículos 113 y siguientes del Código Orgánico Procesal Penal, según el cual "Toda persona responsable criminalmente de algún delito o falta, lo es también civilmente."

Después de un proceso de transición de un régimen autoritario a un régimen donde prive el estado democrático de derecho, pueden surgir controversias intentadas por las personas que requieran sus tierras que le fueron arbirariamente ocupadas o que se ocupan sin su autorización; o de adquirir tierras en la zona en la que residen porque se les expropiaron sus tierras; o por personas desplazadas que han regresado. O por personas que fueron trasladadas por el gobierno anterior, es decir, cumpliendo órdenes y no como ocupación voluntaria O, que ante la imposibilidad que se le devuelvan sus tierras requieran tierras para explotarlas. También la exigencia de restitución de tierras ancestrales por los indígenas.

Ahora bien, casos como el del desplazamiento, reubicación o indemnización de los pobladores de las riberas del Lago de Valencia, en el Estado Carabobo y en Estado Aragua; supone un proceso de desalojo de un número considerable de habitantes, y además el restablecimiento del valor económico de sus viviendas, o la restitución de sus derechos. Lo que requiere de una serie de trámites administrativos y legales; que necesita de un tiempo mínimo considerable, aunque se hiciese el desalojo y la indemnización por sectores, todavía hay familias que deben permanecer por varios meses en sus viviendas, por lo cual, se les debe procurar un mínimo de condiciones durante ese tiempo. Ello a pesar de que tales cometidos le fueron ordenados al Estado por la Sala Constitucional del TSJ, en sus sentencias N° 1632/11.08.2006, 1915/13.11.2006 y N° 1752/13.08.07; sin embargo, todavía no se ha cumplido con la restitución, reubicación o indemnización dispuestos por las susodichas sentencias[113].

---

113 Sentencia sobre inundaciones producidas por el Lago de Valencia que ordena el desalojo, demolición y pago de indemnización por viviendas bajo modalidad casa por casa - Jurisprudencia TSJ de Venezuela (tugacetaoficial. com)

Por tanto, como lo sugiere la FAO[114], postconflictos es necesario una política de restitución de tierras dentro de los planes de recuperación económica, que comprenda una investigación sobre los casos de restitución que pueden presentarse en distintas regiones del país; los distintos tipos de casos de restitución que existen; las personas pueden solicitar la restitución de sus tierras; las pruebas que tengan las personas para respaldar sus reclamaciones; si las propiedades se recuperan de quienes las ocupan y cómo se puede proteger a estos últimos para que no se queden sin tierras. Si la restitución no es una opción posible que otras alternativas son posibles, por ejemplo, indemnizaciones monetarias o en especie. Investigación también que debe determinar las tierras públicas y privadas que han sido abandonadas o están disponibles por otros motivos.

Por supuesto, que la Política de Restitución de Tierras ha de atender el marco jurídico existente, porque la legislación vigente puede resultar engorrosa e inadecuada para un programa de restitución en gran escala. Por ejemplo; ¿Qué instituciones jurídicas pueden integrar el Sistema? ¿Cuáles son los problemas principales de la legislación actual y cómo puede ser mejorada? Al respecto la Fao advierte que los países que han experimentado la transición de un sistema comunista a un sistema orientado hacia el mercado, las leyes agrarias relacionadas con los conflictos formaban parte de todo un sistema de derecho que debía ser transformado. Y que, en todo caso, la política de restitución ha de ponderar ¿cómo pueden introducirse cambios en la legislación y si requieren demasiado tiempo? ¿Qué mecanismos jurídicos existen para la asignación de derechos sobre las tierras, incluso en caso de restitución y reasentamiento? Por supuesto, que una Política de Restitución de Tierras ha de comprender el desarrollo de las instituciones de la restitución, el reasentamiento y el repoblamiento.

---

114 *FAO Estudios sobre tenencia de la tierra 8*, "El acceso a la tierra rural y la administración de tierras después de conflictos violentos", Roma 2005 (untitled (fao.org)

Como se afirma en el Informe presentando por la Comisión Colombiana de Juristas ante la Comisión Interamericana de Derechos Humanos por el incumplimiento de reparación a las víctimas despojadas de tierras en Colombia, el 9 de mayo de 2019, "*la formación de capacidades estatales en materia judicial es una de las fortalezas de los procesos de restitución, como lo es la creación de una jurisdicción especializada, dotada de amplias facultades para materializar este derecho fundamental lo que supone un proceso de aprendizaje y superación de obstáculos que han llevado a los jueces a construir las capacidades estatales necesarias para esta tarea*"[115]. En efecto, según el referido Informe, "Una de las victorias del diseño institucional de la restitución de tierras fue el haber creado un procedimiento judicial con todas las garantías propias de un amparo constitucional".

A diferencia de lo que sucede con la jurisdicción civil ordinaria, la restitución de tierras se encuentra sustentada en un marco legal más amplio que supera la legislación civil y abarca la justicia transicional, los derechos humanos y la dogmática constitucional. En Colombia, los jueces y magistrados de restitución son auténticos jueces de tutela y cuentan con una amplia gama de facultades para materializar los derechos fundamentales de las víctimas. Sin embargo, estos funcionarios que llegaron a la jurisdicción especializada venían de trabajar como jueces civiles dentro de la jurisdicción ordinaria. De ahí que se hayan visto en la necesidad de adaptarse rápidamente a las formas más flexibles que caracterizan el amparo de restitución. Los jueces y magistrados de restitución coinciden en que la construcción de estas capacidades ha sido difícil, pero también consideran que su labor es un privilegio porque les permite adoptar una gran gama de órdenes, no sólo para

---

115 Radiografía de la restitución de tierras en Colombia, Informe presentado ante la Comisión Interamericana de Derechos Humanos por incumplimiento de reparación a las víctimas despojadas de tierras en Colombia. 9 de mayo de 2019, 3 Construcción de capacidades estatales en materia judicial para la restitución: la perspectiva de los jueces, pp. 82 y 83.

restituir, sino para atender las necesidades de las víctimas. Sin embargo, para ellos sigue siendo fundamental llevar a cabo esta tarea sin irrespetar las instituciones jurídicas, como las normas de prescripción adquisitiva y adjudicación de baldíos"[116].

Finalmente, como advierte la Oficina de las Naciones Unidas contra la Droga y el Delito, en el Manual sobre Programas de Justicia Restaurativa, no hay un solo modelo de esta Justicia; y que, si se toman como referente el sistema de algún país, se usan como ejemplo para resaltar la dinámica de la práctica de justicia restaurativa en varias jurisdicciones y comunidades alrededor del mundo. Pero, que "estos ejemplos solamente son ilustrativos, indicando las maneras en que los sistemas de justicia y comunidades han aplicado los principios de justicia restaurativa para satisfacer las necesidades de víctimas, delincuentes, sus familias y la comunidad como un todo. Las posibilidades de aplicar los principios de justicia restaurativa se limitan solamente por la imaginación y creatividad de profesionales de la justicia penal organizaciones de sociedad civil y miembros de la comunidad". Y, que, por el contrario, el éxito de la Justicia Restaurativa es que la que se crea a partir de muchos tipos diferentes de los programas y procesos[117].

---

116 Ibidem, 3. Construcción de capacidades estatales en materia judicial para la restitución: la perspectiva de los jueces, a. Armonización de tensiones entre el derecho civil y el marco legal de la justicia transicional, pág. 83.

117 Oficina de las Naciones Unidas contra la Droga y el Delito, Manual sobre Programas de Justicia Restaurativa, Serie de Manuales sobre Justicia Penal, Naciones Unidas Nueva York, 2006, pp. 89-90 (Manual sobre programas de justicia restaurativa (unodc.org)

CONCLUSION

I. El Estado debe instituir "procedimientos, instituciones y mecanismos que, de una manera equitativa, oportuna, independiente, transparente y no discriminatoria, y con su apoyo, permitan evaluar y dar curso a las reclamaciones relativas a la restitución de las viviendas, las tierras y el patrimonio" (doctrina del derecho internacional de derechos humanos).

II. Se propone incluir en el sistema de justicia la especialización del proceso contencioso administrativo de restitución de tierras agrarias e indígenas, mediante una fase administrativa (Unidad de Gestión de Restitución de Tierras y Registro de Tierras de Tierras Despojadas y Abandonadas Forzosamente); y una judicial (la acción de restitución ante los jueces especializados); y una forma presupuestaria (Servicio Autónomo de Restitución, Reasentamiento y Repoblamiento de Propiedades Agrarias y de Demarcación y de Asentamiento de Propiedades Ancestrales Indígenas), que administre un fondo financiero y de desarrollo con apoyo internacional.

III. Se propone igualmente se establezca el Consejo de Seguridad Jurídica de la Actividad Productiva Agraria, con representantes de la Asamblea Nacional, de los gremios del sector productivo y profesionales del agro, academias; trabajadores del sector rural y de todo el circuito agroalimentario; así como con los representantes de la sociedad civil organizada en los estados y municipios de nuestro país donde tiene influencia económica y social la producción agroalimentaria.

www.ingramcontent.com/pod-product-compliance
Lightning Source LLC
Chambersburg PA
CBHW031300280526
45784CB00004B/1927